V&R

Erik Aurelius

„Du bist der Mann"

Zum Charakter biblischer Texte

Übersetzt aus dem Schwedischen
von Dietz Lange

Vandenhoeck & Ruprecht

Biblisch-theologische Schwerpunkte

BAND 23

Überstzung von *Du är den mannen! En bok om att förstå och förmedla bibeltexter*, Skellefteå 1997

Bibliografische Information Der Deutschen Bibliothek

Die Deutsche Bibliothek verzeichnet diese Publikation in der Deutschen Nationalbibliografie; detaillierte bibliografische Daten sind im Internet über <http://dnb.ddb.de> abrufbar.

ISBN 3-525-61582-5

Umschlagabbildung: *Michelangelo,* Die Rechte Hand des David, Detail von Tafel 17 (Tafel 22), in: Michelangelo, *Gesamtausgabe der Gemälde, Skulpturen und Architekturen von Ludwig Goldscheider,* Köln/London 1953, S. 22

Printed in Germany.
Satz: Satzspiegel, Nörten-Hardenberg
Druck und Bindung: Hubert & Co., Göttingen

Gedruckt auf alterungsbeständigem Papier.

Vorwort

Die vorliegende Studie ist ursprünglich auf Schwedisch als Synodalabhandlung zur Pfarrersynode der Diözese Linköping in der schwedischen Kirche 1997 geschrieben worden. Dass sie nun auf Deutsch erscheint, geht auf die Anregung von Herrn Dr. Arndt Ruprecht zurück. Für diese Anregung danke ich ihm herzlich. Für die Übernahme der Übersetzungskosten danke ich der Diözese Linköping, für gute Zusammenarbeit dem Übersetzer Herrn Kollegen Dietz Lange und den Mitarbeitern des Verlages. Für die deutsche Ausgabe habe ich den Text an manchen Stellen bearbeitet, jedoch ohne zu versuchen, den schwedischen Ursprung des Buches gänzlich zu verleugnen. Es ist meine Hoffnung, dass es auch auf dem reichhaltigen deutschen Büchermarkt eine Aufgabe erfüllen und zur Freude an der Bibel einen Beitrag leisten wird.

Göttingen, im Februar 2004   *Erik Aurelius*

*The Bible belongs to literature; that is, it is a
piece of art. Does it make any difference that
the Book we look upon as holy comes to us
in a literary form rather than in the form of
abstract doctrine or systematic theology?*

Clyde S. Kilby, Christian Imagination, 38

Inhalt

1 | Lasst uns erzählen!

Die Aufgabe

An einem lauen Frühlingsabend, als König David sich oben auf dem Dach seines Palastes in Jerusalem ausruhte, fiel sein Blick von dort oben auf eine Frau, die in ihrem Hof stand und sich wusch. Sie war ganz nackt und sehr schön. David verlor sofort das Interesse für alles andere, woran er gedacht hatte. Dann erkundete er, wer sie war: Batseba, verheiratet mit dem Hethiter Uria, einem Soldaten in Israels Armee, die gerade die Hauptstadt des Nachbarlandes Ammon belagerte. Mit dem angemaßten Recht des orientalischen Despoten schickte David nach der schönen Frau; sie kam hinauf zum Palast und er verbrachte die Nacht mit ihr.

Nach einiger Zeit ließ sie dem König mitteilen, dass sie schwanger geworden war. Da rief David sofort Uria von der Front zurück unter dem Vorwand, dass er einen Bericht über den Krieg haben wollte. Dann forderte er Uria auf, nach Haus zu seiner Frau zu gehen (um den Ehebruch zu verschleiern). Aber Uria schlief stattdessen zusammen mit den Soldaten des Königs vor dem Palast: „Die Lade und Israel und Juda wohnen in Zelten und Joab, mein Herr, und meines Herrn Kriegsleute liegen auf freiem Felde, und ich sollte in mein Haus gehen, um zu essen und zu trinken und bei meiner Frau zu liegen?"

Am nächsten Abend lud David ihn zum Essen ein und machte ihn betrunken; aber das half nichts. Uria schlief auch in dieser Nacht vor dem Palast.

Da fiel David etwas anderes ein. Die Macht hat stets ihre Mittel. Er schrieb einen Brief an Joab, den Befehlshaber der

Armee: „Stellt Uria vorne hin, wo der Kampf am härtesten ist, und zieht euch hinter ihm zurück, so dass er erschlagen werde und sterbe." Mit diesem versiegelten Brief wurde Uria an die Front zurückgeschickt. Joab gehorchte dem Befehl des Königs, Uria fiel, David heiratete Batseba und sie gebar nach einiger Zeit einen Sohn.

Wenig später geschah etwas ganz anderes. Der Hofprophet Nathan kam zum König und legte ihm einen Rechtsfall vor. Wie alle Könige war David die höchste Rechtsinstanz im Lande, allen lokalen Gerichten übergeordnet. Nun erzählte Nathan von zwei Männern, der eine reich und der andere arm. Der Reiche hatte Schafe und Rindvieh im Überfluss, der Arme aber hatte ein einziges Lamm, das er wie ein Haustier hielt, es war für ihn geradezu wie eine Tochter. Als aber der reiche Mann eines Tages einen Gast zum Essen einladen musste, wollte er nicht eines von seinen eigenen Tieren schlachten, sondern nahm das Lamm des armen Mannes und setzte es seinem Gast vor.

Das war der Rechtsfall. Angesichts dieser Geschichte wurde David von Wut ergriffen, so wie jeder normal veranlagte Mensch. Überdies war er, wie gesagt, derjenige, der die höchste Verantwortung für die Gerechtigkeit im Lande hatte, derjenige, der den Worten Macht verleihen konnte und sollte: „So wahr der Herr lebt: Der Mann ist ein Kind des Todes." – „Du bist der Mann!" antwortet Nathan. Und David versteht: „Ich habe gesündigt gegen den Herrn."

David hatte Nathans Erzählung mit Interesse zugehört, wahrscheinlich mit größerem Interesse, als wenn Nathan von vornherein angekündigt hätte, dass er ein offenes Wort mit ihm reden wolle, das ihn selbst betraf. David nahm Anteil an dem Rechtsfall; das zeigt seine starke Reaktion – und so wird ihm klar, dass es sich um ihn selbst handelte. Da erzwang die Erzählung eine durchgreifende Änderung seines Bildes von sich selbst und seiner unmittelbaren Vergangenheit. Nathans Erzählung handelt dem Anschein nach von ganz anderen Personen. Aber sie gibt David den Schlüssel zur Wahrheit über ihn selbst. Es zeigt sich, dass sie eine Erzählung über den Hörer ist: Du bist der Mann! (2. Sam 11–12)

Welche Aktualität hat die Bibel im Europa der Gegenwart? Wie kann man ein so fremdes Buch verstehen und vermitteln? Der Wüstengott Jahwe, verehrt als Nationalgott eines der vielen kleinen Völker in der östlichen Ecke des Mittelmeers während des letzten Jahrtausends vor Christus – was hat er mit uns zu tun? Der galiläische Wanderprediger und Dämonenaustreiber Jesus von Nazareth, der in demselben Volk vor etwa zweitausend Jahren auftrat und eine Anzahl ergebener Jünger fand – was hat er, was haben diese uns jetzt zu sagen?

Nicht allein der exotische Inhalt, sondern auch die Form macht die Bibel in einem heutigen Bücherregal zu einem fremden Vogel. Im Unterschied zu den meisten anderen Büchern, die man liest, ist sie nicht von einem Autor zu einer bestimmten Zeit und in einem bestimmten Genre geschrieben, sondern sie besteht aus einer bunten Sammlung von Schriften unterschiedlicher Art, aus einem Zeitraum von rund tausend Jahren. Außerdem hat jede Schrift ihre eigene oft recht verwickelte Entstehungsgeschichte. Wer die Verfasser sind, weiß man im Allgemeinen gar nicht (die große Ausnahme bilden die ältesten Schriften des Neuen Testaments, die Briefe des Paulus, von denen mindestens sieben nach allgemeiner, gut begründeter Auffassung von Paulus selbst geschrieben wurden, nicht von einem Schüler[1]).

„Das Buch ist also langsam gewachsen, fast wie ein unbeaufsichtigter Wald wächst und sich ausbreitet, ist geworden, wie eine Literatur wird, nicht gemacht, wie ein Buch gemacht wird", schreibt Bernhard Duhm in der Einleitung zu seinem Jeremia-Kommentar.[2] Das trifft nicht nur für das Jeremia-Buch zu. Es gilt in unterschiedlichem Maß für die meisten biblischen Bücher ebenso wie für die Bibel als Ganze.

Es ist also auf der einen Seite leicht aufzuzählen, was die Bibel unter heutigen Büchern zu einem Sonderling macht. Was sie so fremd macht, ist vielleicht vor allem, dass sie vom Anfang bis zum Ende von Gott spricht – ein Wort, das immer mehr Menschen in der Lebenspraxis aus ihrem Wort-

---

1 Röm, 1.–2. Kor, Gal, Phil, 1. Thess, Phlm.
2 Duhm XIX f.

schatz gestrichen haben. Auf der anderen Seite wird die Bibel fleißig benutzt. Noch heute werden Woche für Woche in unzähligen Kirchen und Schulen Stücke aus dieser orientalischen Schriftensammlung vorgelesen und ausgelegt.

Zusammengenommen sind diese beiden Umstände Grund genug, die Frage zu behandeln, wie man die Bibel in unserer Zeit und in unserem Land verstehen und vermitteln kann. Mit gewissem Recht kann man sagen, dass dies ein Problem der gesamten Theologie ist, ein gemeinsames Problem aller theologischen Fächer, und dass dessen Lösung deren gemeinsame Aufgabe ist: „Übersetzung alter schwer deutbarer Schrift für Menschen unserer Gegenwart".[3] Dieses Problem, also das hermeneutische Problem, das sich im Prinzip auf alle Literatur, aber hinsichtlich der Theologie eben auf die Deutung und Auslegung der Bibel bezieht, wie biblische Texte zu verstehen und zu vermitteln sind, kann nicht innerhalb eines einzelnen theologischen Fachs gelöst werden, geschweige denn in einem einzelnen Buch.

Im Folgenden ist beabsichtigt, *einen* Beitrag zur Beleuchtung und Lösung des Problems zu leisten. Damit ist keineswegs gesagt, dass historisch-kritische Exegese, ein historisches Verständnis der biblischen Texte dazu hinreichen würde, um auch deren aktuelle Bedeutung zu erfassen. Aber es ist gut, dort einzusetzen; es ist im Grunde notwendig. Das meinte auf seine Weise auch der Professor für Exegese Martin Luther im 16. Jahrhundert, wenngleich die historisch-kritische Exegese erst im 19. Jahrhundert zum Durchbruch kam.

> Denn es ist vonnöten, wenn man die Weissagung verstehen will, dass man wisse, wie es im Lande gestanden, die Sachen drinnen gelegen sind gewesen, wes die Leute gesinnet gewesen, oder was sie für Anschläge gehabt haben mit oder gegen ihre Nachbarn, Freunde und Feinde, und sonderlich, wie sie sich in ihrem Lande gegen Gott und gegen den Propheten in seinem Wort und Gottesdienst oder Abgötterei gehalten haben.[4]

---

3 Deutsch nach: Wingren, Tolken som tiger, 9.
4 Martin Luther, Vorrede auf den Propheten Jesaja, in: Luthers Vorreden zur Bibel, 92.

Je mehr man darüber weiß, was der Text anfangs bedeutete, desto besser ist es für den, der Klarheit darüber gewinnen will, was der Text heute bedeutet. Darüber hinaus ist die Grenze zwischen dem Verstehen dessen, was der Text anfangs gesagt hat und was er mir sagt, nicht immer scharf.

Der Hauptzweck des Beitrages, der jetzt zur Lösung des hermeneutischen Problems geleistet werden soll, besteht darin, die Aufmerksamkeit auf eine besondere Eigenschaft der biblischen Texte zu lenken, eine Eigenschaft, der wesentliche Bedeutung für die Art des Verstehens und der Vermittlung dieser Texte heute zukommt. Es geht um die Eigenschaft, die durch Nathans Strafrede an David 2. Sam 12 illustriert wird, dass die Bibel nämlich vom Hörer erzählt, genauer: vom Hörer und Gott. Sie knüpft eine Verbindung zwischen Gott und dem Hörer, gleich welchem Hörer und gleich in welcher Zeit.

Charakter und Zweck der biblischen Texte

Die biblischen Texte sind weder Dogmatik noch Geschichtsschreibung in modernem Sinn. Der Form nach sind sie eher das, was wir schöne Literatur nennen, und zu einem wesentlichen Teil Erzählungen: von Gott, aber auch vom Hörer. Nathans Erzählung von ein paar ganz anderen Personen gab David den Schlüssel zur Wahrheit über sein eigenes Leben: „Ich habe gesündigt gegen den Herrn." Die Erzählungen der Bibel handeln alle von ganz anderen Personen als denen, die gerade zuhören. Aber sie geben den Hörern Schlüssel zur Wahrheit über ihr eigenes Leben: „Du bist der Mann", „Für dich gegeben".

Die Aufgabe der Predigt ist es, den Adressaufkleber „für dich" auf dem vorgelesenen Text anzubringen. Der Text, eine Erzählung aus der Bibel, ist wie das Abendmahlsbrot, das ausgeteilt wird. Die Predigt ist ein Deutewort: „Für dich gegeben", „Du bist der, von dem dies handelt, für den dies geschieht".

Dass die Bibel vom Hörer erzählt, ist kein neuer Gedanke. Er ist eher ebenso alt wie die biblischen Texte selbst. Alle diese Erzählungen, welche die Bibel mit einem Gewimmel von Personen in allen möglichen Situationen erfüllen, allesamt in Beziehung zu Gott gesetzt – warum sind sie formuliert und aufbewahrt worden? Gewiss nicht nur, um zu unterhalten oder historische Aufklärung zu bieten, sondern um Modelle, Bilder, Rollen zu vermitteln, in die man sich hineinbegeben kann, Bezugsrahmen, mit deren Hilfe ich den Strom von Sinneseindrücken gestalten und ordnen kann, um „den Ereignissen des Lebens" als „Gottes Taten", als Gottes Gaben und Aufgaben begegnen zu können.

Schon das Faktum, dass die biblischen Texte niedergeschrieben sind, deutet darauf hin: dass sie für kommende Generationen aufbewahrt werden und das Bild stets neuer Leser und Hörer von der Wirklichkeit und von sich selbst formen, neue religiöse Erfahrung ermöglichen sollen. „Der Text ist keine Kopie der Religion, er ist eine Botschaft an die Religion", betont James Barr für heilige Schriften im Allgemeinen und für die Bibel im Besonderen.[5] Das gilt nicht nur für Prophetenworte, Gesetze, Psalmen und Sprüche, Jesusworte und apostolische Briefe. Es gilt in ebenso hohem Maße für die Erzählungen, sowohl im Alten Testament als auch in den Evangelien.

Ein biblischer Erzählungstext „will uns ja nicht nur für einige Stunden unsere eigene Wirklichkeit vergessen lassen wie Homer, sondern er will sie sich unterwerfen; wir sollen unser eigenes Leben in seine Welt einfügen."[6] Dieses Urteil über die Erzählungen der Bibel fällt Erich Auerbach in einem stilanalytischen Vergleich zwischen einer Passage in der Odyssee und der Erzählung von Abrahams Versuchung in Gen 22.[7] Er lenkt die Aufmerksamkeit auf deren kurz angebundenen, wortkargen Stil, der so vieles unausgesprochen

---

5 Deutsch nach: Barr, Old and New in Interpretation, 137.
6 Auerbach 18.
7 Für die fünf Bücher Mose werden hier die lateinischen Namen verwendet: Genesis, Exodus, Leviticus, Numeri, Deuteronomium (Gen, Ex, Lev, Num, Dtn).

und unerklärt lässt – während Homer nichts verschweigt, sondern durch einen Strom erklärender Abschweifungen, Charakteristiken und Epitheta und eine leicht dahin fließende und reich nuancierte Syntax deutlich macht, wie alle Gestalten und Geschehnisse miteinander verbunden sind.

Dass David alles andere vergaß, als er Batseba baden sah, steht nicht ausdrücklich in 2. Sam. Man kann sich aber leicht alles das denken, was Homer bei solcher Gelegenheit darüber zu erzählen gewusst hätte, was die Liebesgöttin Aphrodite, die Tochter des Zeus, dem mächtigen König zugeflüstert hätte. Da hätte es wahrscheinlich für den Leser nicht viel hinzuzufügen gegeben. „Danach versuchte Gott Abraham", beginnt Gen 22 abrupt – weshalb tat er das? Dann wanderten Abraham und Isaak drei Tage, bis sie zum Opferplatz kamen – worüber sprachen sie auf dem Weg, was dachte Abraham, konnte er nachts schlafen? Davon steht da keine Silbe. Da bleibt reichlich Platz zum eigenen Weiterdenken, zum Ausfüllen der Lücken aus dem eigenen Leben und den eigenen Gedanken. Alle diese Lücken, „Leerstellen", wie der Terminus lautet,[8] regen die Fantasie an. Sie reizen den Hörer zu einer produktiven Rezeption der Erzählung, dazu, ihr sein eigenes Leben einzufügen.

Damit sei nichts gegen Homer gesagt. Die biblischen Erzählungen sind jedoch so geartet, dass sie sich besser dazu eignen, den Hörer in ihre Welt hineinzuziehen. Das dürfte tatsächlich die wichtigste Funktion sein, welche die Bibel im Lauf der Geschichte erfüllt hat: nicht dass sie Anlass für imponierende theologische Gedankengebäude gegeben, sondern dass sie einen Reichtum an Personen und Situationen vermittelt hat, in denen man sich wiedererkennen konnte, obwohl deren Welt in so vielfältiger Weise anders ist. Im Licht der biblischen Erzählungen konnte man sein eigenes Leben als nicht von einem planlosen Zufall, einem stummen Schicksal geleitet sehen, sondern als ein Leben mit Gott, ein Leben mit Christus, verbunden mit seiner Erniedrigung und Erhöhung, als *meinen* Weg zum Himmel.

---

8 Vgl. Iser, Die Appellstruktur der Texte, 234 ff.

Die Erzählungen haben dem, was man erlebt hat, einen tieferen Inhalt verliehen, einen Inhalt, den man sich nicht selbst ausrechnen konnte, sondern den die Erzählung vermittelte, sobald man anfing, sie zu seiner eigenen zu machen, und sich darin wieder erkannte. Weil dieselbe Erzählung für verschiedene Menschen und in verschiedenen Situationen lebendig geworden ist, hat sie stets neuen Inhalt hergegeben. Denn keines Menschen Leben ist dem eines anderen völlig gleich. Niemand hat genau das gleiche Leben zu deuten wie jemand anderes. Niemand füllt die Lücken der Erzählung mit genau demselben Stoff aus wie jemand anderes; jeder Einzelne legt etwas von sich selbst und seinem eigenen Leben hinein. Der Sinn der Erzählung gerät daher ein wenig anders für jeden Einzelnen, nicht vollkommen anders, aber ein wenig. Der Sinn ist nicht etwas, das ganz und gar im Text steht, aber auch nicht etwas, das ganz und gar aus unserer Fantasie kommt. Er entsteht in der „Begegnung zwischen Text und Phantasie". Das hat Wolfgang Iser entfaltet, nicht bloß im Hinblick auf biblische Texte, sondern mehr generell.[9] Aber es erinnert an die Hauptthese von Gustaf Wingrens Studie *Die Predigt*: „daß in der Begegnung zwischen dem Wort und den Menschen das geschieht, wozu das Wort und die Menschen je für sich bestimmt sind. Das Wort ist da, um verkündigt zu werden; sein objektiver Inhalt tritt erst dann völlig klar hervor, wenn es gepredigt wird. [...] Nur dann verstehen sich die Menschen selbst richtig, wenn sie dieses Wort hören; denn im Hören des Wortes Gottes empfangen sie das wahre Menschenleben."[10]

Wenn man die Erzählung aus seiner eigenen Fantasie auffüllt, bedeutet das einerseits, dass man etwas von sich selbst offen legen muss, um sich die Erzählung anzueignen. Man färbt sie mit seinem eigenen Leben. Aber andererseits ordnet man sich der Erzählung unter. Um sie aufzufüllen, muss man in sie eingehen, in eine Wirklichkeit hinein, die ein wenig anders ist als die eigene – und die meiner eigenen Wirklichkeit neue Farbe verleiht. Mit Isers Worten:

9 Iser, The Reading Process (Zitat 279).
10 Wingren, Die Predigt, 17.

So haben wir die offenbar paradoxe Situation, in welcher der Leser gezwungen ist, Aspekte seiner selbst offenzulegen, um eine Wirklichkeit zu erfahren, die von seiner eigenen verschieden ist. Der Eindruck, den diese Wirklichkeit auf ihn macht, wird weitgehend von dem Ausmaß abhängen, in dem er selbst aktiv den ungeschriebenen Teil des Textes beisteuert; und doch, indem er alle die fehlenden Zwischenglieder aufbietet, muss er in der Art und Weise von Erfahrungen denken, die von der eigenen verschieden sind; ja, nur indem er die vertraute Welt seiner eigenen Erfahrung hinter sich lässt, kann der Leser wahrhaft an dem Abenteuer teilhaben, das der literarische Text ihm bietet.[11]

Das ist nicht speziell von dem Abenteuer gesagt, das die Erzählungen der Bibel zu bieten haben. Es hätte aber so sein können.

Das Christentum als Erzählgemeinschaft

Zwei Theologen, die seit langem von einem religionspsychologischen bzw. systematisch-theologischen Ausgangspunkt aus die zentrale Bedeutung der biblischen Erzählungen für das Christentum betont haben, sind die Schweden Hjalmar Sundén und Gustaf Wingren. Hjalmar Sundén hat gründlich untersucht und mit vielen Beispielen illustriert, dass das, „was mit uns geschieht, [. . .] für das durch Bibellesen präparierte Gehirn als die Tätigkeit des lebendigen Gottes erlebt werden kann", und dass dies die Art und Weise ist, auf die religiöse Erfahrung zustande kommt: dadurch, dass die biblischen Texte als Bezugsrahmen fungieren, als Deutungsmuster für das, was man erlebt.

> Für Menschen, die nicht eingesehen haben, dass das Erlebbare sich in dieser Weise gestalten kann, muß es wahrscheinlich für immer ein Rätsel bleiben, wie gebildete Menschen religiös sein können. Die extreme Betonung der Religion als Lehre hat in

---

11 Deutsch nach: Iser, The Reading Process, 281 f.

dieser Beziehung eine Verschleierung des wirklichen Sachverhaltes herbeigeführt. Ziel religiöser Erziehung ist es ja eher gewesen, dem Individuum eine Lehre, die gegen alle Vernunft für wahr angesehen werden soll, beizubringen, als ein Gehirn so zu präparieren, daß der Organismus, zu dem es gehört, imstande ist, echte religiöse Erfahrung durch Rollenübernahme zu machen, die genau dessen Dispositionen und Bedürfnissen entspricht.[12]

Dasselbe hat Gustaf Wingren oft hervorgehoben, insbesondere mit Bezug auf die Erzählungen der Evangelien. Es ist kein Zufall, dass „das heutige Evangelium" in christlichen Gottesdiensten regelmäßig aus erzählenden Texten besteht, voll von Personen, mit denen man sich identifizieren kann:

> Da sind Blinde, Lahme, Zöllner, Ehebrecherinnen – praktisch niemals ist die Hauptfigur im Evangeliumstext allein. Auf eben diese Weise kann der Evangeliumstext zum Evangelium werden. Ginge es um lehrhafte Texte, so wäre es vollkommen angemessen, wenn sich der Lehrer allein auf dem Bild befände, oder besser noch: neben dem Bild! Aber nun ist der Text eine Erzählung über jemanden, der etwas *tut*, und deshalb ist er von Hunderten von Exemplaren umgeben, die alle denjenigen repräsentieren, *mit* dem er etwas tut, nämlich „adam", die Menschheit.[13]

Dazu gehören auch solche, die nicht gerade in einer akuten Not Hilfe bekommen, sondern auf alltäglichere Weise recht und schlecht Jünger sind. Auch in denen kann der Hörer sich wiedererkennen, in „diesen Jüngern trägen Herzens, die zweifeln und ihren Herrn missverstehen und dennoch *weiterhin* Jünger sein dürfen".[14] Das hat seine Bedeutung nicht nur für den, der zuhört, sondern auch für den, der predigen soll. „Wenn das Bibelwort auf dem Schreibtisch des Pfarrers liegt und die Predigtarbeit beginnt, dann gehören die Gottesdienst-

---

12 Hjalmar Sundén, Die Religion und die Rollen, bes. das Kapitel „Rolle und Lehre", 236–294 (die beiden Zitate 356).
13 Deutsch nach: Wingren, Credo, 131.
14 Deutsch nach: Wingren, Växling och kontinuitet, 122.

besucher bereits zu dem Bibelwort, der Text enthält diese Menschen, denn der Text ist Gottes Wort an Gottes Volk."[15]

Die Schriftstellerin Sara Lidman hat Greta Hofsten, die es gedruckt überliefert hat, aus dem Västerbotten ihrer Kindheit erzählt, auf welche Weise die Bibel ihre Wirkung tat:

> Da konnten sich zwei Männer auf dem Weg treffen, und der eine konnte zu dem anderen sagen: „Die Sünde, die David begangen hat, war doch wohl allzu schlimm!" Und der andere konnte sagen, das sei wohl so. Darauf der Erste: „Kann es denn Vergebung für eine solche Sünde geben?" Und der andere Mann antwortet, dass es sie doch wohl geben müsse, so wie es in der Schrift steht, und wenn Jesus später aus Davids Haus geboren werden soll.
>
> Das war die Art von Menschen, mit ihrem eigenen angefochtenen Gewissen umzugehen. Der Mann hatte jemanden so angesehen, wie er es nicht hätte tun sollen; aber darüber konnte man nicht sprechen, denn man war ja rücksichtsvoll zueinander, was das Persönliche anging. Aber man konnte von David sprechen und von dem, was er getan hatte, und auf diese Weise durch den Bibeltext der Gnade begegnen.[16]

Die Erzählungen der Bibel waren so etwas wie ein Raum, in dem man sich zu Hause fühlte und sich frei bewegen konnte, ein gemeinsamer Raum, der für alle da war. So ist das nicht mehr. Aber je weniger Menschen die biblischen Geschichten zu hören bekommen, desto wichtiger ist es, dass Schule und Kirche ihre Erzählfreude bewahren und pflegen. Solange die Erzählungen lebendig sind, so lange ist die Frömmigkeit lebendig.

„Narrative Theologie" ist ein Ausdruck, der in den letzten Jahrzehnten immer gängiger geworden ist. Das begann mit ein paar Vorträgen des katholischen Theologen Johann Baptist Metz und des Romanisten Harald Weinrich im Jahr 1973.[17]

---

15 Wingren, Die Predigt, 31–45. 61 f. (Zitat 33 Anm. 38).
16 Deutsch nach: Hofsten, in: Hofsten/Wingren 53.
17 Metz, Kleine Apologie des Erzählens; Weinrich, beide abgedruckt in der Zeitschrift Concilium 9/1973), 329–341; außerdem Metz, Erlösung und Emanzipation, abgedruckt in Stimmen der Zeit 191/1973, 171–184.

Seitdem ist der Ausdruck in allen theologischen Fächern gebräuchlich geworden, wenn auch nicht immer in ganz genau demselben Sinn. „Dass der Ausdruck sich in den verschiedensten Zusammenhängen Geltung verschaffen konnte, deutet darauf hin, dass es sich nicht so sehr um ein theologisches Programm als vielmehr um ein fundamentales theologisches Thema handelt."[18] Dass dieses Thema jetzt immer häufiger aufgegriffen wird, hängt zum Teil vielleicht mit der Einsicht zusammen, dass die biblischen Erzählungen im „christlichen Abendland" nicht mehr gemeinsames Eigentum aller sind – sowie mit der Erkenntnis der fundamentalen Bedeutung der Erzählungen für die christliche Frömmigkeit.

„Wir stellen die ewigen Fragen; die Bibel antwortet, indem sie eine Geschichte erzählt." So beschließt Bo Johnson seinen Kommentar zur Genesis.[19] Gewiss ist nicht alles in der Bibel Erzählung. Es ist jedoch nicht übertrieben zu sagen, dass man das Wichtigste überginge, wenn man die Geschichten überginge. Es gibt gute Gründe für die Behauptung, dass die Bibel auf „die ewigen Fragen" statt mit philosophischen Analysen oder dogmatischen Systemen mit der Erzählung von Geschichten antwortet. Und es ist wichtig für das Verständnis, sich klar zu machen, dass es gerade „die ewigen Fragen" sind, für deren Beantwortung die Geschichten da sind, nicht primär die Fragen der Historiker oder Naturwissenschaftler, sondern die jedes einzelnen Menschen angesichts der Wechselfälle des Lebens, angesichts des Leidens, der Schuld und des Todes.

Die Erzählungen der Bibel finden sich im Übrigen nicht nur in den Büchern, die man als erzählende oder historische bezeichnet. Die Propheten erzählen nicht selten von der Zukunft. In gewisser Weise erzählen auch das Buch Hiob und die Psalmen. Auch dort trifft man nicht auf irgendwelche Lehrsysteme, sondern auf Menschen, mit denen man sich identifizieren kann. Sie erzählen von ihrer Not, sie klagen, klagen an und bitten, sie erzählen von Gottes Hilfe und prei-

---

18 Deutsch nach: Bjerg 11.
19 Deutsch nach: Johnson, Ursprunget, 168.

sen seine Güte. Da gibt es eine Vielzahl von Menschen und Situationen, in denen man sich wiedererkennen kann.

> Denn ein menschlich Herz ist wie ein Schiff auf einem wilden Meer, welches die Sturmwinde von den vier Orten der Welt treiben, Hier stößt her Furcht und Sorge vor zukünftigem Unfall; dort fähret Grämen her und Traurigkeit von gegenwärtigem Übel. Hie weht Hoffnung und Vermessenheit von zukünftigem Glück; dort bläset her Sicherheit und Freude in gegenwärtigen Gütern. Solche Sturmwinde aber lehren mit Ernst reden und das Herz öffnen und den Grund herausschütten [...].
> Was ist aber das meiste im Psalter anders als solch ernstlich Reden in allerlei solchen Sturmwinden? Wo findet man feinere Worte von Freuden, als die Lobpsalmen oder Dankpsalmen haben? Da siehest du allen Heiligen ins Herz wie in schöne lustige Gärten, ja wie in den Himmel [...]. Wiederum, wo findest du tiefere, kläglichere, jämmerlichere Worte von Traurigkeit als die Klagepsalmen haben? Da siehest du abermal allen Heiligen ins Herz wie in den Tod, ja wie in die Hölle [...]. Und, wie gesagt, ist das das Allerbeste, dass sie solche Worte Gott gegenüber und mit Gott reden, welches macht, dass zweifältiger Ernst und Leben in den Worten sind. Denn wo man sonst gegen Menschen in solchen Sachen redet, gehet es nicht so stark von Herzen, brennet, lebt und dringet nicht so sehr.
> Daher kommt's auch, dass der Psalter aller Heiligen Büchlein ist, und ein jeglicher, in welcherlei Sache er ist, Psalmen und Worte drinnen findet, die sich auf seine Sache reimen (zu seiner Sache passen), und ihm so eben (gemäß) sind, als wären sie allein um seinetwillen also gesetzt, dass er sie auch selbst nicht besser setzen noch finden kann noch wünschen mag. Welches denn auch dazu gut ist, dass, wenn einem solche Worte gefallen und sich mit ihm reimen, dass er gewiss wird, er sei in der Gemeinschaft der Heiligen, und es sei allen Heiligen gegangen, wie es ihm gehet, weil sie *ein* Liedlein alle mit ihm singen.[20]

Dieser Auszug aus Luthers sprachgewaltiger Vor- und Lobrede auf den Psalter ist kaum eine Übertreibung. Die Verbindung von Konkretion und Allgemeingültigkeit in den Psal-

---

20 Martin Luther, Zweite Vorrede auf den Psalter, in: Luthers Vorreden zur Bibel, 67 f.

men hat sie zu ungewöhnlich gut anwendbaren Mustern der Lebensdeutung und Gottesgemeinschaft gemacht. Auf der einen Seite finden sich in der Regel so viele Einzelheiten, dass die Erzählung von der Not oder der Rettung lebendig wird. Auf der anderen Seite gibt es so viel Unausgesprochenes, so viele „Leerstellen", dass man selbst mit seiner eigenen Traurigkeit, Unruhe oder Freude in dem Psalm „an Bord gehen" kann.[21] Da findet man Formulierungen für das, was man erlebt, man findet es mit Gott in Verbindung gebracht und mit dem, was „alle Heiligen" erlebt haben. Man findet Bezugsrahmen, Muster, um die Begebenheiten des Lebens zu deuten.

Sogar bei dem Vollblutdogmatiker Paulus zeigt sich, dass die Erzählungen grundlegend sind. An entscheidenden Punkten seiner Argumentation steht regelmäßig ein Stück, das von Jesus, vom Kreuz, von der Auferstehung erzählt, kurz aber wesentlich, oder ein Hinweis auf Erzählungen, von denen er voraussetzt, dass die Adressaten sie kennen.[22] Man könnte das so zusammenfassen: „Die Griechen fragen nach Weisheit, wir aber predigen den gekreuzigten Christus" (1. Kor 1,22 f.). Mit anderen Worten: Die Griechen stellen die ewigen Fragen; Paulus antwortet, indem er von einem hingerichteten Erlöser erzählt. Diese Geschichte nennt er die „Weisheit Gottes, die im Geheimnis verborgen ist" (1. Kor 2,7) und „eine Kraft Gottes" (Röm 1,16).

An und für sich gilt wohl für antike Griechen ebenso wie für moderne Deutsche und überhaupt für alle Menschen, dass man nichts so gerne und leichthin anhört wie eine Geschichte, eine Erzählung. Aber Erzählungen sind zur Unterhaltung da; darauf sind wir vielleicht zunächst ebenso eingestellt wie die Griechen des Paulus, während die großen Fragen des Lebens auf andere Weise erörtert werden, nämlich in Analysen, Abhandlungen, Theorien, Weltanschauun-

---

21 Vgl. Iser, The Reading Process, 277 („climb onboard").
22 Vgl. Lohfink 523–526, mit Verweisen auf Röm 1,3 f.; 3,21.25; 4,25 usw.; ferner 1. Kor 15,3–5; Phil 2,5–11 und andere Briefe im NT – mit auffallender Ausnahme des Jakobusbriefs: Dort spielen ausdrückliche Hinweise auf Erzählungen von Jesus faktisch keine Rolle.

gen, Lehren usw. Die Christenheit ist indessen eine „Erzählgemeinschaft" – und eine Tischgemeinschaft.[23]

Das hat in unserem westlichen, zum großen Teil noch immer griechisch geprägten Kulturkreis zur Folge gehabt, dass man manchmal gemeint hat, das Christentum, oder jedenfalls die Bibel antworte ziemlich unklar auf die großen Fragen des Lebens. Manche Kirchenführer und Theologen haben deshalb die Bibel kurzerhand mit eigenen, ungemein klaren und autoritativen Auskünften über alle möglichen Themen ergänzt. Andere konnten den Eindruck erwecken, tapfere aber vergebliche Versuche zu unternehmen, um einer ziemlich sperrigen Schriftensammlung, die zumeist Geschichten überliefert, System, Logik und klare Auskünfte abzugewinnen.

Es stellt indessen kein Gebrechen dar, das behoben werden müsste, wenn das Christentum seinem Ursprung und Wesen nach eine Erzählgemeinschaft und eine Tischgemeinschaft ist. Es hängt vielmehr mit der Selbstverständlichkeit zusammen, dass das Christentum eine Religion ist. Es ist keine Theorie, keine Reihe von Ansichten, die man sich ein für allemal anlesen könnte, sondern in erster Linie eine persönliche Gemeinschaft mit Gott, vermittelt und erneuert, gepflegt, durch Erzählungen und durch ein Mahl, sowie eine Deutung des Lebens von dieser Gemeinschaft aus.

Was Erzählungen im Unterschied zu logisch-systematischen Darlegungen bieten, könnte man als *Konkretion* (lebendige Personen, verankert in Zeit und Raum) und *Situation* (ein Mangel oder Konflikt, gefolgt von einem Gespräch oder Handlungsablauf) zusammenfassen, die *Identifikation* ermöglichen. Man kann sich selbst einbringen und von innen heraus verstehen, „mit dem Herzen" verstehen. Die Erzählungen von der Schlange im Paradies Gen 3,1–7 oder von der Verleugnung des Petrus Mk 14,66–72 schildern die Psychologie der Sünde, ohne abstrakte und präzise Begriffe zu verwenden, sei es nun „Versuchung", „Sünde", „Schuld", „Scham" oder „Gewissen". Die Erzählungen von Jakobs Traum in Bethel Gen 28,10–22 oder von Jesus und der Ehe-

---

23 Weinrich 330.

brecherin Joh 8,1–11 schildern Vergebung, Rechtfertigung, bedingungslose Gnade, ohne irgendeinen von diesen Begriffen zu verwenden. Die Erzählung von Jakobs Ringkampf am Jabbok Gen 32,23–33 schildert Anfechtung, ohne dass dieses Wort fällt. Man versteht trotzdem. Man versteht es tatsächlich besser als in einer Abhandlung, weil die Erzählungen die Fantasie stärker anregen. Sie bringen einen dazu, sie mit dem eigenen Leben auszufüllen, mit dem Herzen zu verstehen.

Die Rolle der Theologie

Dies alles bedeutet nicht, dass die Deutungsarbeit der Theologie überflüssig wäre. Theologische Analyse und Reflexion sind notwendig, mit Beiträgen von verschiedenen Fächern, hinsichtlich der Frage, wie sich verschiedene Erzählungen zueinander verhalten, zum Beispiel die Erzählung von der Allmacht des Schöpfers in Genesis 1 zu der Ohnmacht des Erlösers in der Passionsgeschichte. Sie sind notwendig, um Gemeinsamkeiten und Unterschiede zwischen biblischen Erzählungen und anderen „Erzählungen", zwischen dem Christentum und anderen Lebenseinstellungen in Vergangenheit und Gegenwart zu erheben. Sie sind notwendig, um klar zu machen, was in der Bibel zentral und was peripher ist, was das Alte Testament als Teil der Bibel der Kirche bedeutet, und vieles andere mehr.

Die wichtigste Aufgabe der Theologie könnte man vielleicht so zusammenfassen: Sie soll dem Prediger helfen, den Text des Sonntags in die Gegenwart zu übersetzen, ohne ihn zu verfälschen, ohne seine Pointe zu verfehlen. Es ist sicherlich wahr, dass der Sinn des Textes davon abhängt, wer gerade zuhört. Das ist indessen nur die halbe Wahrheit. Wenn der Sinn entsteht „in der Begegnung von Text und Phantasie", „in der Begegnung des Wortes mit den Menschen", so ist die andere Hälfte der Wahrheit die, dass der Sinn auch vom Text abhängt, von dessen ursprünglicher Bedeutung, so weit man darüber Klarheit gewinnen kann. Andernfalls kommt keine Begegnung zustande.

Es gibt Gründe dafür, Paulus den ersten christlichen Theologen zu nennen. Er ist der Erste, den wir kennen, der die Erzählungen der Evangelien von Jesus von Nazareth in neue Situationen hinein übersetzt, in die heidnische Welt außerhalb Palästinas. Um diese Übersetzung, diese Neudeutung durchführen zu können, bildet er seine theologischen Abstraktionen. Um das Evangelium in eine neue Situation hinein übersetzen zu können, überführt er Erzählungen und Bilder in abstrakte Begriffssprache.

> Nun aber ist ohne Zutun des Gesetzes die Gerechtigkeit, die vor Gott gilt, offenbart, bezeugt durch das Gesetz und die Propheten. Ich rede aber von der Gerechtigkeit vor Gott, die da kommt durch den Glauben an Jesus Christus zu allen, die glauben. Denn es ist hier kein Unterschied: sie sind allesamt Sünder und ermangeln des Ruhmes, den sie vor Gott haben sollten, und werden ohne Verdienst gerecht aus seiner Gnade durch die Erlösung, die durch Christus Jesus geschehen ist.
>
> *(Röm 3,21–24)*

> Dem aber, der mit Werken umgeht, wird der Lohn nicht aus Gnade zugerechnet, sondern aus Pflicht. Dem aber, der nicht mit Werken umgeht, glaubt aber an den, der die Gottlosen gerecht macht, dem wird sein Glaube gerechnet zur Gerechtigkeit.
>
> *(Röm 4,4–5)*

Das ist abstrakt genug. Doch wenn Paulus diese Sätze formuliert, sieht er vielleicht Jesu Mahl mit Levi und anderen Sündern (Mk 2) oder das Gleichnis vom verlorenen Schaf (Lk 15) vor sich – sicher jedenfalls seine eigene Berufung auf dem Weg nach Damaskus, als Jesus sogar seinen Feind, den Verfolger, zum Apostel macht (1. Kor 15; Gal 1). Aus solchen Erzählungen abstrahiert Paulus seine generellen theologischen Sätze.

Auf diese Sätze gestützt, kann er das Evangelium in neuen Situationen verkündigen und konkret Dinge sagen, die bis dahin weder die Schrift noch Jesus gesagt hatten. In dem, was für Paulus die Schrift war, in unserem Alten Testament, steht Gottes Gebot, dass alle Jungen im Volk Gottes beschnitten werden sollen (Gen 17). Jesus aß mit Sündern und verstieß gegen das Sabbatgebot, sprach jedoch, soweit wir wissen, kein schlechtes Wort über die Beschneidung. Paulus sagt aber zu den Galatern, die weder Sünder noch Zöllner noch Pharisäer noch Samaritaner, sondern unbeschnittene Heiden waren: Man braucht nicht beschnitten zu sein, man braucht nicht das Gesetz Moses mit allen Reinheitsgeboten zu befolgen, um zum Volk Gottes gezählt zu werden, um zu Christus zu gehören. „Ihr alle, die ihr auf Christus getauft seid, habt Christus angezogen. Hier ist nicht Jude noch Grieche, hier ist nicht Sklave noch Freier, hier ist nicht Mann noch Frau; ihr seid allesamt einer in Christus Jesus" (Gal 3,27–28). Durch diese Neuerung meint Paulus „die Wahrheit des Evangeliums" für die Galater zu *bewahren* (Gal 2,5.14). Dafür braucht er seine theologischen Abstraktionen.

Irgendeine Form von Bibelverständnis, irgendeine vorgegebene Einstellung zu dem Buch und zu seinem Hauptanliegen hat jeder Leser und Hörer. Diese ist nicht immer so bewusst und durchdacht, aber das hindert nicht, dass sie die Auslegung leitet. Will man die Texte in die Gegenwart überführen und dort richtig ankommen, die Verbindung mit dem Ursprung des Christentums bewahren, die „Wahrheit des Evangeliums" bewahren, so ist die Auslegungsarbeit der Theologie notwendig.

Ein aktuelles Beispiel dafür, dass es nicht bloß darum geht, zu „lesen, wie es dasteht", kann man in Südafrika beobachten. Dort gibt es unter den Buren viele ernste Christen, viele, die sich zum Volk Gottes zählen. Sie identifizieren sich traditionell mit dem Israel des Alten Testaments: mit den Wüstenwanderern, die das gelobte Land erobert haben. Die nächsten Nachbarn, die Zulus, werden dann automatisch zu Kanaanäern: zu Holzhackern und Wasserträgern (Jos 9,23). Das ist deren Bestimmung und Auftrag; Gott hat für jedes Volk seinen Plan in der Weltgeschichte. Wenn ich aber stattdessen ein christlicher Südafrikaner mit dunkler Hautfarbe bin, lese ich dieselbe Bibel und vielleicht mit besonderem Interesse die Erzählungen von dem unterdrückten Volk in Ägypten, im „Sklavenlager" (Ex 13,3.14 usw.), und von der Befreiung. Dann werden die Buren (nicht zu Kanaanäern, wohl aber) zu Ägyptern, und die Regierung wird zu Pharao, dem immer stärker verstockten Pharao, der blind in sein eigenes Verderben rennt.

Lange Zeit gab es Gründe für die Befürchtung, die Situation in Südafrika werde sich faktisch so entwickeln. Nun ist es mirabile dictu anders gekommen. Aber die Buren hätten eine bessere Theologie gebraucht, eine biblischere Gesamtsicht der Bibel, um diese nicht zur Legitimierung für die Unterdrückung ihrer Nächsten zu benutzen.

Ein anderes aktuelles Beispiel ist die so genannte Erfolgstheologie, die in gewissen Gruppierungen gedeiht. Dort behauptet man, dass der Glaube an Christus ein untrügliches Mittel zum Erfolg ist, sowohl in diesem Leben als auch im kommenden. Sollte man stattdessen eine schwere Krankheit bekommen, so zeigt das nur, dass man schwach im Glauben ist. Paulus beispielsweise hatte offensichtlich einen schwachen Glauben, sagt man, weil er seinen „Pfahl im Fleisch" nicht los wurde, obwohl er Gott darum bat (2. Kor 12). Auf diese Weise stellt man das Christentum auf den Kopf und nennt den Glauben schwach, der sich an das Wort hält: „Lass dir an meiner Gnade genügen" (2. Kor 12,9). Freilich wird das unter unablässiger Berufung auf die Bibel verkündigt. Aber es ist völlig gleichgültig, wie viele Bibelworte zusammenkommen, wenn man den Rahmen, in den sie eingefügt werden, auf den Kopf gestellt hat.

Es mag hier angebracht sein, noch etwas Generelleres über das Bibelverständnis als solches zu sagen. Zunächst: Nach der Bibel ist „Gottes Wort" nicht dasselbe wie die Bibel, sondern in erster Linie das Schöpferwort; in allererster Linie das Wort der Propheten, wenn man es historisch betrachtet. Diese sprechen das „Wort des Herrn" in die Geschichte hinein, und das sind schöpferische Worte, die zustande bringen, was sie sagen, und den Lauf der Geschichte verändern: Unheilsworte, die Wirklichkeit werden, als Israel 722 v. Chr. von Assyrien (Amos, Hosea) und Juda 587 v. Chr. von Babylonien (Jeremia, Zephanja, Hesekiel) erobert wird, und Verheißungsworte, die anfangsweise Wirklichkeit werden, als Babel 539 v. Chr. fällt und die Deportierten befreit werden (Hesekiel, Deuterojesaja) – aber sowohl Unheilsworte als auch Verheißungsworte werden aufbewahrt. Sie stehen weiterhin über Israel und vermitteln neue Inhalte an neue Generationen.

Von hier aus ist der Schritt nicht weit zu der Verkündigung, dass Gott die ganze Welt durch sein Wort geschaffen hat. „Der Himmel ist durch das Wort des Herrn gemacht und all sein Heer durch den Hauch seines Mundes" (Ps 33,6). „Gott sprach: Es werde Licht! Und es ward Licht" (Gen 1,3).[24] Im Anfang war das Wort: nicht die Bibel, sondern das Schöpferwort, durch das alles geworden ist. Und das Wort ward Fleisch (Joh 1,14). Gottes Wort an uns ist nicht ein Buch, sondern ein Mensch, ein Menschenleben: ein Mann aus Nazareth, getötet in Jerusalem, am dritten Tage auferstanden ... Darum soll weder das Alte noch das Neue Testament, weder die Bibel noch der Katechismus in der Kirche verkündet werden, sondern Christus; genauer gesagt das, womit die Apostel ausgesandt werden, das Evangelium: dass Jesus von Nazareth, der Gekreuzigte, ein gütiger Mensch, der verheißene Christus ist, der von den Toten auferstand und der nach wie vor gütig ist, Schuld austilgt, den Tod besiegt und Sünder und Heiden in Gottes Reich erhebt. Wenn das verkündigt wird, kommt Christus, Gottes Wort, zu dem, der hört, und er treibt Unruhe und Lebensüberdruss aus und entzündet Glauben.

Wenn am Pfingsttag Gottes Geist ausgegossen wird, dann hat das nicht zur Folge, dass die Apostel anfangen Bücher zu schreiben, so dass eine heilige, verbalinspirierte Schrift entstünde. Was geschieht, ist, dass sie anfangen zu predigen, so dass Glaube entsteht (Apg 2). Dass die Predigt diese Wirkung haben kann, beruht auf Christi Gegenwart im Wort. Christus ist das Wort, Gottes Wort, das Fleisch wurde, das Schöpferwort, das jetzt in die Welt des Todes hinein gesprochen wird. Die Bibel ist ein Hilfsmittel für die Predigt. Sie ist freilich ein notwendiges Hilfsmittel, das erforderlich ist, um zu verhindern, dass die Verkündigung der Kirche in alles Mögliche, das

---

24 Die Auffassung vom Prophetenwort als schaffendem Gotteswort ist der Hintergrund für die Verkündigung von Gen 1, dass Gottes Wort das Universum geschaffen hat; vgl. Schmidt 173–178; Levin, Tatbericht und Wortbericht, 36–39.

religiös scheinen mag, oder auch schlicht in Moralinsäure abgleitet. Ihre Aufgabe ist und bleibt, Christus zu verkündigen, Gottes Wort an die Hörer Stimme zu verleihen.

Christus ist derselbe heute wie gestern. Deshalb bleiben die Erzählungen von ihm so wichtig. So wie er in ihnen ist, so ist er heute, dir gegenüber, der du jetzt zuhörst. „In jedem Tropfen der betaueten Wiese spiegelt sich widerstrahlend der Sonne Licht; so tritt uns in jeder kleinen Geschichte die volle Person unsers Herrn entgegen."[25]

Keine von den Erzählungen der Evangelien und keiner von den Briefen der Apostel wäre ohne die Überzeugung geschrieben worden, dass Jesus für unsere Sünden gestorben und dass er von den Toten auferstanden ist (1. Kor 15,3 f.). Zwischen den vier Evangelien bestehen viele große und kleine Unterschiede. Alle vier münden jedoch in dasselbe ausführlich geschilderte Geschehen: die Passionsgeschichte, mit dem unglaublichen Schluss, dass Jesus aufersteht, zu seinen Jüngern kommt, die ihn im Stich gelassen hatten, und sie mit dem Evangelium aussendet. Im Markusevangelium, welches das älteste ist, nimmt diese eine Woche ein Drittel des ganzen Buches ein. Hier kommt offensichtlich die Hauptsache, in deren Licht man alles Vorangehende lesen soll.[26] Das ist auch das Zentrum der Verkündigung der Apostel nach der Apostelgeschichte und der meisten Briefe: dass Gott den hingerichteten Jesus von Nazareth zum Herrn und Messias gemacht hat, dass der, welcher erniedrigt wurde und sich entäußerte, über alle erhöht worden ist.

Die Erzählung von Jesu Tod und Auferstehung ist zweifellos die Hauptsache im Neuen Testament. Darüber hinaus erhebt das Neue Testament den Anspruch, die Fortsetzung und das Ende der Geschichte zu sein, die das Alte Testament erzählt, das Ende, in dem „alle Gottesverheißungen das Ja gefunden haben" (2. Kor 1,20). Erkennt man diesen Anspruch an, so bedeutet das etwas für das Verständnis des

---

25 Kähler 60 f.
26 Vgl. Kählers Charakteristik der vier Evangelien: „Etwas herausfordernd könnte man sie Passionsgeschichten mit ausführlicher Einleitung nennen." (59 f., Anm. 1).

ganzen Alten Testaments. Das ist genauso wie bei Romanen: Wenn man beim Schluss angekommen ist, erkennt man klarer den Sinn von allerlei Dingen im Vorangehenden. Man liest das Buch etwas anders, wenn man es zum zweiten Mal liest. Besonders dann, wenn der Schluss überraschend ist, kann er alles, was zuvor erzählt worden war, in ein anderes Licht rücken.

Das Neue Testament ist eine überraschende Fortsetzung des Alten. Jesus ist ja, menschlich beurteilt, ein Messias, der scheitert, ein Erlöser, der nicht erlöst, sondern getötet wird, soweit man sehen kann. Außerdem kommt er aus Nazareth in Galiläa, entgegen allen Weissagungen. „Forsche und sieh: Aus Galiläa steht kein Prophet auf" (Joh 7,52). Matthäus versucht trotzdem, Jesu Herkunft mit einem unklaren Hinweis auf „die Propheten" zu stützen. Diese Erklärung ist jedoch so gewunden (vgl. Mt 2,23; vgl. Lutherbibel 1984, Sach- und Worterklärungen unter „Nazoräer"), dass sie nur den Eindruck verstärkt, dass die Sache problematisch war – doch ebenso den Eindruck, dass Jesus von Nazareth, was immer man von ihm halten mag, jedenfalls keine fiktive Gestalt, sondern fest in der Geschichte verankert ist. Keiner von seinen Anhängern hätte etwas so Törichtes erfunden, wie dass er aus Nazareth kam.

Evangelisten und Apostel müssen sich bemühen – und das tun sie – zu zeigen, dass Jesus dennoch der Messias ist, den die Schrift verheißen hat. Es ist nicht die ganze Wahrheit, dass Jesus kommt, um die Erwartungen seines Volkes zu erfüllen. Er kommt auch, um die Erwartungen des Volkes zu enttäuschen, um anders zu sein und die eingefleischte Vorstellung über den Haufen zu werfen, dass Gott den liebt, dem das Leben gelingt.

Wenn man diesen unerwarteten Schluss den heiligen Schriften hinzufügt, geraten sie in eine neue Beleuchtung. Sie werden zu „Schriften des alten Bundes" (2. Kor 3,14), die in gewisser Weise antiquiert sind, nicht in dem Sinn, dass bestimmte Teile gestrichen werden könnten, während andere weiterhin in Geltung stehen, sondern eher so, dass *alle* Teile sich in anderer Beleuchtung zeigen durch den neuen Schluss der Geschichte: Jesu Tod und Auferstehung – was seinerseits eine neue Fortsetzung eröffnet, in der die ganze Menschheit wieder ins Blickfeld rückt, wie in der Urgeschichte am Anfang der Bibel, Gen 1–11. Jetzt kann jede und jeder in Gottes Volk, in Gottes Reich hinein getauft werden. Und jetzt entdecken Apostel und Evangelisten tiefere Bedeutungen in einem Stück der Schrift nach dem anderen, in unserem Alten Testament. In der literaturwissenschaftlichen Terminologie, die im Vorhergehenden benutzt wurde, könnte man sagen, dass sie die „Leerstellen" in den alten Texten auf völlig neue Weise ausfüllen.

Gleichzeitig verläuft der Auslegungsprozess auch umgekehrt; es lohnt sich, darauf zu achten. Durch das Alte Testament entdecken die ersten Christen mehr und mehr von dem Geheimnis Jesu von Nazareth. Sie suchen in der Schrift, um Jesus besser zu verstehen (vgl. Joh 5,39). Diese Schriften, die sie so gut kannten, lassen jetzt erkennen, dass sie viel über Jesus sagen, Dinge, die dem nicht widerstreiten, was dann in Briefen oder Evangelien über ihn geschrieben wurde, was aber dort nicht wiederholt oder nicht so klar gesagt wird – weil es ja schon im Alten Testament stand. Im Übrigen war manches im Alten Testament für alle im Ursprungsmilieu der Kirche selbstverständlich und wird deshalb im Neuen Testament nicht betont, beispielsweise dass Gott nicht nur mit der „Seele" des Menschen zu tun hat, sondern auch der Schöpfer der Erde und des Leibes ist, der Schöpfer der Sonne, des Mondes und der Sterne, der Tiere und der Pflanzen. Das war im jüdischen Milieu nicht kontrovers. Aber es wurde im Fortgang der Zeit für die Kirche umso wichtiger, dies in der hellenistisch geprägten Welt rund ums Mittelmeer zu verteidigen. Damals wurde der erste Glaubensartikel formuliert: „Ich glaube an Gott, den Vater, den Allmächtigen, den Schöpfer des Himmels und der Erde."

Deshalb ist es gerade vom christlichen Standpunkt aus von Belang, das Alte Testament manchmal so zu lesen, wie es die historisch-kritische Exegese tut: als ob das Neue Testament nicht existierte. Es ist vom christlichen Standpunkt aus von Belang, zu versuchen, den ursprünglichen Sinn der Texte zu verstehen. Andernfalls lernt der Christ nichts *Neues* im Alten Testament: wenn man bloß in einem Text nach dem anderen abhakt, dass er mit dem Fazit übereinstimmt – oder nicht übereinstimmt. Dann bringt das Alte Testament nichts *hinzu*. Es sagt dann bestenfalls auf umständlichere Weise dasselbe wie das Neue Testament. Dann braucht man streng genommen kein Altes Testament in seiner Bibel. Die ersten Christen waren indessen der Meinung, dass sie es selbstverständlich brauchten. Denn das Alte Testament hat sowohl über den Schöpfer als auch über den Erlöser viel zu sagen – und damit auch über den Hörer.

Das soll in den folgenden Kapiteln erläutert werden. Doch ein paar Beispiele sollen schon hier angeführt werden. Die bekanntesten sind wohl der Psalter – die Apostel schreiben kein neues Gebetbuch; man hatte ja schon eins – und die Schöpfungserzählung in Gen 1, deren erster Satz so gut wie wörtlich in die Glaubensbekenntnisse der Alten Kirche aufgenommen wurde. Ein anderes Beispiel ist die Verheißung in Jes 9,1–6. Sie handelt von Befreiung von militärischer Besatzung und Zwangsarbeit:

> Du hast ihr drückendes Joch,
> die Jochstange auf ihrer Schulter
> und den Stecken ihres Treibers
> zerbrochen
> wie am Tage Midians.
> Denn jeder Stiefel, der mit Gedröhn dahergeht,
> und jeder Mantel, durch Blut geschleift,
> wird verbrannt und vom Feuer verzehrt.
> Denn uns ist ein Kind geboren,
> ein Sohn ist uns gegeben,
> und die Herrschaft ruht auf seiner Schulter.

(Jes 9,3–6)

Es ist unsicher, aus welcher Zeit diese Weissagung stammt. An sich passen die Worte zu der Zeit des Propheten Jesaja, zu der Situation, die in den Teilen des Nordreiches Israel herrschte, die im Jahre 732 v. Chr. von Assyrien erobert wurden. Der „Schuh", *se'ón,* der im Kampf getragen wurde, ist im Hebräischen ein Lehnwort. Es ist das assyrische Wort für Militär-Sandale, von dem der Prophet auch noch ein Verb bildet. Man soll das unheilschwangere und demütigende Geräusch einer feindlichen Truppe auf dem Marsch hören: „jeder Stiefel, der im Kampfgetöse voranstiefelt", *kol se'ón so'én berá'as.*

Ob nun die Weissagung ursprünglich dieser oder einer späteren Zeit angehört, sie verheißt Befreiung von Besatzung und Sklaverei. Und der sie formuliert hat, war kaum so herzlos, den Hörern den Trost zu bieten: In einigen hundert Jahren wird es besser! Wahrscheinlicher ist es, dass er der Meinung war, von etwas zu sprechen, das zu Lebzeiten der Hörer geschehen sollte. Das bedeutet, dass er sich geirrt hat – nach menschlichem Ermessen, d. h. auf kurze Sicht. Die Unterdrückung verschwand nicht. Und selbst wenn das vorübergehend einmal geschah, so war es eben nur vorübergehend. Es kamen neue Unterdrücker. Die Worte des Propheten wurden trotzdem aufbewahrt. Es waren ja *Gottes* Worte, so meinten wenigstens einige, und deshalb würden sie unvermeidlich Wirklichkeit werden, irgendwann, auf irgendeine Weise.

Jetzt verliest die Kirche die Worte zu Weihnachten und sagt, dass sie von Jesus handeln. Damit sagt man etwas über Jesus, das dem nicht widerspricht, was man sonst sagt, aber kaum irgendwo im Neuen Testament so deutlich und anschaulich gesagt wird: dass Jesus geboren wurde, um den Hörer von Gefangenschaft, von der Besatzung durch eine fremde Macht zu befreien. Er kommt nicht zu freien Menschen, die sich damit beschäftigen, ihre Weltanschauung zu wählen, und die jetzt einen neuen Vorschlag unterbreitet bekommen sollen, das Christentum. Er kommt, um Menschen zu befreien, die Gefangene sind. Die Worte bekamen eine besondere Konkretion zu Weihnachten 1989, als in Osteuropa ein Unterdrückungsregime nach dem anderen gestürzt worden war. Sie sagen aber jedem beliebigen Hörer etwas, der auf alltäglichere und undramatischere Weise gefangen gehalten und geplagt wird von Zeitmangel und Unzulänglichkeit und Schuld und der im Grunde hoffnungslos im Wartezimmer des Todes eingesperrt ist. Zu solchen Hörern spricht der alttestamentliche Verkündiger jetzt, ohne es selbst zu wissen, das Evangelium von Jesus.

Summa: Theologische Analyse und Reflexion ist notwendig, damit das Evangelium bewahrt wird und weiterhin

Evangelium ist für diejenigen, die jetzt darauf hören, etwas, durch dessen Hören man erleichtert wird. Der Zweck theologischer Auslegungsarbeit ist jedoch nicht, dass im Gottesdienst theologische Vorträge gehalten werden, sondern Predigten, solche Predigten, die das heutige Evangelium, die heutige Erzählung, als eine Erzählung über den Hörer auslegen.

Für andere predigen

Kann man, bei genauerem Nachdenken, das Evangelium für andere auslegen? Wenn der Sinn des Textes erst dann klar wird, wenn man aus seiner eigenen Fantasie dessen Lücken, dessen „Leerstellen" ausfüllt, und in der Erzählung selbst „an Bord geht" – kann man ihn dann auf jemandes anderen Rechnung als die eigene ausfüllen, verstehen und auslegen? Kann man überhaupt jemandem anderen predigen als sich selbst?

Die Antwort lautet, dass es ausgezeichnet ist, wenn man für sich selbst predigt. Was an der Gemeinde spurlos vorübergeht, ist doch wohl oft das, was der Prediger nur den anderen und nicht sich selbst sagt. Es ist natürlich nicht unwesentlich, Interesse an Menschen und an der Gesellschaft zu haben, wenn man predigen will. Aber das Wichtigste ist, in die Erzählung des Sonntags einzudringen und etwas zu finden, das gegen meinen eigenen Unglauben und meine eigene Unruhe spricht, etwas, das meine eigenen Wunden heilt, kurz gesagt: etwas, das mir selbst not tut zu hören.

Es gibt keinen Grund, sich in der Predigt der Anwendung rhetorischer Kunstgriffe zu enthalten. Es sind nicht nur Schulkinder und Konfirmanden und König David, die zum Zuhören verführt werden müssen. Das haben alle nötig. Alle haben in sich einen alten Adam, der Widerstand leistet und überlistet, verlockt, geradezu angestachelt, gereizt, gekitzelt werden muss.[27] „Instinktiv wehren wir uns gegen alles, was

---

27 Luthers Ausdruck ist „Reizung zum Glauben", in der Vorrede zur Deutschen Messe, WA 19, 75,2 (in modernisierter Rechtschreibung).

wir als Versuch der Beeinflussung, der Überredung empfinden", konstatiert der Rhetorikprofessor Kurt Johannesson in Uppsala und vergleicht einen jeden von uns mit „einer mittelalterlichen Burg, mit Wallgraben, hohen Mauern und brennendem Pech oder Steinen oder Pfeilen, mit denen wir Angreifer eindecken können."[28] Dort hinein kann man nicht einfach spazieren gehen mit dem, was man auf dem Herzen hat. Da ist List gefordert. Aber wer predigt, ist selbst so eine gut verteidigte Burg; und die Kniffe, die beim Prediger nichts ausrichten, haben wohl auch bei jemand anderem keinen großen Effekt.

Man könnte nun sagen, es sei eine Schwäche der kirchlichen Organisation, dass nicht Engel, sondern Menschen predigen, weshalb dies manchmal so schlecht gerät. Doch lässt sich diese Schwäche in eine Stärke verwandeln. Wer predigt, ist im Grunde nicht so verschieden von dem, der zuhört. Sie haben mancherlei gemeinsam allein schon dadurch, dass sie Menschen sind, die das Evangelium brauchen. „Es ist ein Sünder deiner eigenen Sorte, der heute den Gruß von Christus überbringt", sagt Olov Hartman in einer Predigt.[29] So ist das allezeit. Der Prediger braucht deshalb nicht von sich selbst, von seinem Glauben oder seinem Mangel an Glauben zu erzählen; nicht davon soll er reden, sondern vom Evangelium – zum Prediger selbst und zu den anderen Hörern. Lässt er dieses seinen eigenen „alten Menschen" anreden, so spricht Christus; das Schöpferwort, das Fleisch geworden ist, spricht in die Welt der Schuld und des Todes hinein, von welcher der Prediger selbst ein Teil ist: einer von denen, die es nötig haben, zuzuhören.

Sich auf das Seelenleben merkwürdiger säkularisierter Menschen zu verstehen, ist nicht die schwierigste Aufgabe des Predigers.

Das Wesentliche am säkularisierten Menschen ist dies, „dass dieser Mensch ein Gefangener, ein peccator ist. Diese Seite des

---

28 Deutsch nach: Johannesson 13.
29 Dies ist aus dem Gedächtnis zitiert; es ist mir nicht gelungen, die Stelle wieder zu finden.

menschlichen Wesens dürfte aber doch einem Prediger nicht so unerhört schwer zugänglich und unbegreiflich sein, denn in diesem Sinne ist ja der Prediger selbst säkularisiert und wird es bis zu seinem letzten Atemzug bleiben. Er braucht nur ehrlich in sich selbst zu gehen und zu sehen, wie das Wort ihn trifft, wie er von dem Wort verwundet und aufgerüttelt, aber auch geheilt, getröstet und aufgerichtet wird. Damit ist keineswegs gesagt, dass er seine eigenen Erfahrungen der Gemeinde mitteilen soll. Er steht nicht auf der Kanzel, um die Innenseite seines Lebens auszubreiten, sondern um dem Text Stimme zu geben. Aber weil er Mensch ist und weil alle, zu denen er redet, auch Menschen sind, darum wird er sicherlich häufig imstande sein, den Text so auszulegen, dass dieser der versammelten Gemeinde das sagt, was er ihm, dem Prediger, auch gesagt hat."[30]

Der Augenschein bei der Predigt mag etwas irreführend sein. Man sieht einen Pfarrer, der oberhalb der Gemeinde steht, und zwischen sich und der Gemeinde hat der Pfarrer einen Bibeltext, der auf irgendeine Weise unter denen, die da unten sitzen und zuhören, in Umlauf gebracht werden soll. Nichts gegen Kanzeln; es ist in der Regel kein Nachteil, dass man den, der spricht, sehen und hören kann. Das bedeutet aber nicht, dass der Prediger mit seinem Predigttext in einem tieferen Sinn über der Gemeinde steht. In Wirklichkeit stehen sowohl der Prediger als auch die Gemeinde unter dem Text, oder wenn man so will: Sie sind alle mitten im Text, im Raum der Erzählung. Das sind sie schon, bevor auch nur die Vorbereitung der Predigt begonnen hat. Wer predigt, führt die anderen in dem gemeinsamen Raum herum. Es ist gut, dass einer sich vorbereitet und (ziemlich viel) im Voraus nachgedacht hat, einer, der jetzt erzählen und die Erzählung vertiefen sowie einige – oder viele – Lücken ausfüllen und auf diese Weise die Fantasie anderer, deren produktive Aufnahme des Evangeliums, anregen kann.

---

30 Wingren, Die Predigt, 268 f.

Von Gott erzählen

In Gott „leben, weben und sind wir" (Apg 17,28), „die Gottesbeziehung [ist] in und mit dem Leben selbst gegeben",[31] und von Gott erzählt die Bibel, d. h. vom Leben, dem Leben, das alle Menschen leben. „Eine Predigt, die beim Hörer die reale Gottesbeziehung offenbar macht, trifft den Hörer und gibt ihm etwas, auch wenn er Atheist ist."[32] Man kann kaum sagen, dass die Bibel Gott definiert. Sie beginnt nicht damit, Gott Menschen zu präsentieren, die überhaupt nicht wissen, was dieses Wort bedeuten soll. Sondern sie setzt voraus, dass Gott eine bekannte Person ist, einer, mit dem alle zu tun haben. „Was man über Gott in der Bibel lernt, ist nicht der erste Kontakt mit der Gottheit, es ist neue Information über eine Person, die man bereits kennt"[33] – neue Information über die Macht, mit der jeder Mensch dadurch in Verbindung steht, dass er lebt und atmet; der Macht des Daseins in allem Dasein; man kann sich nicht außerhalb dieser „Person" stellen.

„Von allen Seiten umgibst du mich und hältst deine Hand über mir" (Ps 139,5). Dieses „Du" ist die Macht hinter der dunklen Größe, die man manchmal „das Leben" nennt, das rätselhafte und vieldeutige Leben. Von dieser Macht sagt die Bibel, dass sie eine Person ist, die mit uns etwas vorhat, die uns liebt. Das ist wirklich „neue Information" über Gott. Eine Erzählung der Bibel nach der anderen wird erzählt, um mir etwas über Gott zu sagen – und über mich selbst. Darum könnte dies die Aufforderung für christliche Lehrer und Prediger sein, sowohl aneinander als auch an alle ins Auge gefassten Hörer: Lasst uns erzählen!

---

31 Wingren, Schöpfung und Gesetz, 27.
32 Ebd. 28, Anm. 43.
33 Deutsch nach: Barr, Story and History, 16.

Auf vielerlei Weise

Nun will ich einige Bibeltexte illustrieren lassen, auf welche Weise die Bibel vom Hörer und von Gott erzählt. Die Texte sind die Erzählungen von Schöpfung und Sündenfall Gen 1–3, von Jakobs Ringkampf an der Furt des Jabbok Gen 32, von Israels Befreiung aus Ägypten Ex 1–15 und schließlich von der Einsetzung des Abendmahls im Neuen Testament.

Da die drei Beispiele aus dem Alten Testament alle aus dem Pentateuch stammen, soll zunächst etwas über dessen Entstehungsgeschichte gesagt werden, eine klassische Problematik, die für das Verständnis der Texte nicht belanglos ist. Generell erweist es sich im ganzen Pentateuch als fruchtbar, vor allem die Tatsache zu beachten, dass wesentliche Überlieferungsstränge darin einen gemeinsamen Ursprung haben, die Priesterschrift, P, aus dem 6. oder 5. Jahrhundert v. Chr. Seit Theodor Nöldekes Untersuchung von 1869 herrscht seltene Einigkeit darüber, welche Texte zu P gehören; Stil und Theologie sind oft so charakteristisch, dass sie selbst in einer Übersetzung leicht wiederzuerkennen sind. Seit Julius Wellhausens Prolegomena 1878 den Durchbruch der klassischen Vierquellentheorie herbeigeführt haben, ist man sich auch einig darüber, dass P, mit Ausnahme einiger noch späterer Zusätze, der jüngste Überlieferungsstrang im Pentateuch ist.

Die älteren Texte gehören nach der Vierquellenhypothese zu zwei anderen Quellenschriften, dem Jahwisten, J, und dem Elohisten, E, die sich ebenfalls durch den ganzen Pentateuch hindurch ziehen (oder jedenfalls durch Gen bis Num), sowie zu einer dritten, D, die auf das Deuteronomium beschränkt ist. Freilich hat man das seit den siebziger Jahren immer häufiger und mit guten Gründen in Frage gestellt. Fest steht, dass mehrere Texte, die nach der klassischen Hypothese J oder E zugehören, hauptsächlich Erzählungen, älter sind als P.

Das Normale ist, dass P's Variante als ganze vor oder nach der älteren Parallelerzählung platziert wurde, beispielsweise die Erzählung von der Schöpfung in Gen 1 (P) vor derjenigen in Gen 2, die über den Grund für Jakobs Reise zu Laban in Gen 28,1–9 (P) nach Gen 27, die von der Berufung des Mose in Ex 6 (P) nach Ex 3. Möglicherweise gibt es zwei große Ausnahmen, wo P's Erzählung stattdessen in die ältere hineingewoben zu sein scheint: Gen 6–9 über die Sintflut und Ex 14 über Israels Rettung am Meer. In beiden Fällen wäre es leicht zu verstehen, warum. Ebenso wie die ältere Variante der Sintfluterzählung schließt P's Variante mit Gottes Versicherung, dass die Sintflut nicht wiederholt werden soll (Gen 8,20–22 bzw. 9,1–17). Ebenso wie die ältere Variante der Erzählung in Ex 14 schließt P's Variante damit, dass Israel endgültig aus Ägypten gerettet wird (14,30 bzw. 14,28 f.). Es würde das Zutrauen zu Gottes Verlässlichkeit untergraben, wenn man nach einem solchen Schluss auf eine Erzählung über ein weiteres, gleichartiges Ereignis gestoßen wäre. Da es offensichtlich trotzdem wichtig war, beide Varianten aufzubewahren, sind sie stattdessen in diesen beiden Fällen nach Art eines Reißverschlusses ineinander gefügt worden. Aber das ist nicht die gewöhnliche Verfahrensweise,[34] auch wenn man sich das in der Glanzperiode der Vierquellenhypothese so vorzustellen pflegte.

Im Folgenden wird es sich besonders in der Jakobserzählung als theologisch wesentlich erweisen, zwischen der älteren Erzählung und P zu unterscheiden (siehe Kap. 3).

Dass Gott „vielfach und auf vielerlei Weise" zu unseren Vätern gesprochen hat, bevor er durch seinen Sohn sprach (Hebr 1,1), ist eine Einsicht, die auf diese Weise durch die historische Bibelforschung zusätzliche Dimensionen bekommen hat. Allein schon im Pentateuch sind viele menschliche Stimmen zu hören. Eben darum, weil die Schrift heilig war, weil die Worte von Gott kamen und ein Anliegen an jede neue Generation des Volkes Gottes hatten, hat man durch mehrere Jahrhunderte hindurch mit großem Fleiß und mit gutem Gewissen die Texte aktualisiert und sie mit Hilfe von Zusätzen unterschiedlicher Art an neue Hörer adressiert.

---

34 Darauf verweist zu Recht Levin, Der Jahwist, 439 f.

> Ihr sollt nichts dazutun zu dem, was ich euch gebiete,
> und sollt auch nichts davontun, ...

lautet die so genannte Kanonformel (Dt 4,2). Sie galt, wie man sieht, von Anfang an für das Gesetzbuch, in dem sie steht, das Deuteronomium. Die Gültigkeit der Formel hat sich allmählich auf die ganze Schrift ausgedehnt. Da galt jedoch lange Zeit, nachdem man begonnen hatte, eine Schrift als heilig anzusehen, nur die zweite Hälfte der Kanonformel: „Ihr sollt nichts davontun". Etwas hinzuzutun, zu aktualisieren, dazu hielt man sich dagegen für berechtigt und verpflichtet. Ein beredtes Beispiel ist das Buch Jeremia. Dort fehlt in der griechischen Übersetzung Septuaginta insgesamt ein Achtel von dem, was im hebräischen Text steht. Die wahrscheinlichste Erklärung ist in vielen Fällen, dass die entsprechenden Stücke noch nicht vorhanden waren, als die Septuaginta angefertigt wurde (im 3. und 2. Jahrhundert v. Chr.). Bis ins 2. Jahrhundert hinein ist die Schrift bearbeitet worden. „Auf vielerlei Weise" schließt das alles ein.

2 | Schöpfung und Sündenfall

Einleitung

Alle die Sträucher auf dem Felde waren noch nicht auf Erden, und all das Kraut auf dem Felde war noch nicht gewachsen; denn Gott der Herr hatte noch nicht regnen lassen auf Erden, und kein Mensch war da, der das Land bebaute; aber ein Nebel stieg auf von der Erde und feuchtete alles Land. Da machte Gott der Herr den Menschen aus Erde vom Acker und blies ihm den Odem des Lebens in seine Nase. Und so ward der Mensch ein lebendiges Wesen.

(Gen 2,5–7)

So fängt die zweite, ältere der beiden Schöpfungserzählungen in Gen 1–2 an. Hier ist keine Fantasie erforderlich, um zu sehen, dass die Erzählung etwas über den Hörer sagen will, über jeden beliebigen Hörer. Schon zu Beginn wird klar gemacht, dass sie vom „Menschen" handelt, *adám* auf Hebräisch. Sie handelt nicht von bestimmten Personen mit bestimmten Namen, sondern von *adam*, dem Menschen, und seinen elementaren Lebensbedingungen. Es ist eine alte Weisheit, dass man, wenn „Adam" in der Bibel steht, „jedermann" lesen soll, um zu verstehen, worum es geht.

Nun geht dieser Erzählung in Gen 1,1–2,4a eine spätere Variante voraus.[1] Diese ist im Aufbau und in Einzelheiten anders geartet. Aber eine Erzählung ist sie zweifellos auch. Und eine Erzählung über den Hörer, über den Menschen, *adam*, über jeden Beliebigen, ist sie in mindestens gleich ho-

---

1 Der Halbvers 2,4b gilt gemeinhin als redaktionelle Verbindung zwischen beiden Erzählungen.

hem Maß wie Gen 2: eine Erzählung über den Menschen und seine Welt. Die Welt ist nur in Gen 1 so viel größer. Sie umfasst „Himmel und Erde", das ganze Universum (es gibt kein hebräisches Wort, das für sich allein Kosmos, Universum, Weltall entspricht, sondern man sagt „Himmel und Erde"). Als zuletzt der Mensch als Krone des Werkes geschaffen wird, um über die ganze Schöpfung zu „herrschen" (1,26–28), ergibt sich als Gesamteindruck, dass alles um seinetwillen geschaffen ist, sogar die Himmelskörper: damit er Ordnung in seinem Kalender bekommt (um „Zeiten, Tage und Jahre" zu kennzeichnen, 1,14).

Dass die Erzählung von „jedermann" handelt, ist streng genommen noch deutlicher in Gen 1. Dort wird vom Menschen als Gattung gesprochen: „Gott schuf den Menschen ..., männlich und weiblich schuf er sie", steht wörtlich in 1,27; es geht um die ganze Art.[2]

In Gen 2 spricht man eher vom ersten Menschen, dem Urmenschen, zu Anfang vom Mann, am Ende von der Frau, d. h. vom ersten Menschenpaar. Aber in diesem „Urpaar" ist die ganze Nachkommenschaft, die ganze Menschheit eingeschlossen. Das ist das Normale im Alten Testament, zum Beispiel in den Vätergeschichten: dass der Stammvater oder die Stammmutter alle Nachkommen, den ganzen Stamm umfasst. Insofern handelt auch Gen 2 von jedem Exemplar von *adam*, von jedem Hörer. „Aus Erde bin auch ich gemacht", sagt einer der Freunde Hiobs (Hi 33,6). „Ich [wurde] gebildet ... unten in der Erde", sagt ein Psalmist (Ps 139,15). So etwas kann unmittelbar neben der Aussage stehen, dass der Mensch im Mutterleib entsteht (Hi 31,15; Ps 139,13). Denn die Erzählung in Gen 2 handelt von jedermann.

Was sind das aber für Erzählungen? Jedes Schulkind merkt schnell, dass die Schöpfungserzählungen in Gen 1–2 nicht zu den Auskünften passen, die man in anderen Büchern über die Entstehung der Welt und der Menschheit bekommt. In vielen Einzelheiten passen sie nicht einmal zueinander.

---

2 Schmidt 144 f.

Generell kann man sagen, dass Erzählungen Erlebnis in Erfahrung verwandeln.[3] Damit ein Erlebnis zu Erfahrung wird, erzählt man von ihm. Das ist vielleicht besonders deutlich, wenn es um Erlebnisse von etwas Unerwartetem oder Neuem geht, um ein großes Leid oder ein großes Glück, etwas, das man nicht unmittelbar in seine früheren Erfahrungen einordnen kann.

Doch welche Erlebnisse könnten hinter den Schöpfungserzählungen stehen? Kein Mensch hat die Entstehung der Welt erlebt, niemand kann davon erzählen. Es muss ein anderes Erlebnis sein, das hier zur Erzählung geworden ist: nicht das Erlebnis eines einzelnen Ereignisses der Vergangenheit, sondern, um es kurz zu sagen, das Erlebnis, dass das Leben geschaffen ist; dass das Leben im Grunde gut ist, wohl geordnet und zuverlässig und etwas, das man geschenkt bekommt. Sonne, Luft, Wasser, Freundschaft, Liebe, nichts dergleichen kann man selbst schaffen.

Genesis 2

Die ältere Schöpfungserzählung in Gen 2, die so genannte Paradieserzählung, sieht freilich zunächst so aus, als ob sie von einem verlorenen Paradies erzählt, davon, wie das Leben sein sollte – aber nicht ist. Gott schafft den Menschen und überschüttet ihn mit Wohltaten; Bäume, die „verlockend anzusehen und gut [davon] zu essen" sind (V. 9), Tiere zur Gesellschaft, als der Mensch einsam zu sein scheint, aber sie sind dazu nicht richtig zu gebrauchen. Da kommt zuletzt die geheimnisvollste Hilfe gegen die Einsamkeit, eine *ézer kenegdó* (V. 18.20). Das Wort *ézer* bedeutet „Hilfe", *néged* bedeutet „gegenüber"; *ke-negd-o* „als sein Gegenüber", eine Hilfe, die ihm entspricht, ungleich aber ergänzend, noch genauso einer, aber ganz anders! Das Entzücken des Menschen über diesen letzten Geniestreich ist offensichtlich:

---

3 Vgl. Bjerg 64 f.

Das ist doch Bein von meinem Bein,
und Fleisch von meinem Fleisch;
man wird sie Männin *(ischa)* nennen,
weil sie vom Manne *(isch)* genommen ist.

(Gen 2,23)

Dieses Mal wurde es gut, eine ebenbürtige Entsprechung, wir gehören zusammen: „Bein von meinem Bein, Fleisch von meinem Fleisch" – das ist eine Verwandtschaftsformel wie das deutsche „mein Fleisch und Blut" (vgl. Gen 29,14; 2. Sam 19,13). Und alles ist Friede und Freude, ein verlorenes Paradies.

In Wirklichkeit aber nimmt diese Erzählung Erlebnisse auf, die wir wiedererkennen, die sich nach wie vor gleich sind.

Auch heutzutage atmen wir, und die Erzählung beginnt damit: mit dem Wunder des Lebens und Atmens. Wie kommt es, dass dieser komplizierte Apparat im Allgemeinen so unproblematisch funktioniert, sogar im Schlaf? Woher kommt die Lebenskraft? Nicht vom Spiel der Zufälligkeiten, antwortet die Erzählung, sondern von einem Schöpferwillen, von Gott. Gott bläst Luft in die Nase. Darum lebt und atmet man so automatisch. Gott „blies ihm Leben in die Nase, so dass er ein lebendiges Wesen wurde" (Gen 2,7).

Was Gott einbläst, heißt auf Hebräisch *nischmát chajjím*, „Lebenshauch", „Lebensatem", „Odem". Damit wird der Mensch eine *néfesch chajjá*, ein „lebendiges Wesen", eine „lebendige Seele"; *néfesch* ist das Wort, das manchmal mit „Seele" übersetzt wird. Hier unterscheidet man also nicht zwischen Leib und Seele, sondern zwischen Leib und Leben. Ein toter Leib atmet nicht; ein lebendiger atmet und ist dadurch ein lebendiges Wesen. Die Erzählung sagt also eher, dass der Mensch eine Seele ist, als dass er eine Seele hat. Und jeder Atemzug ist ein Wunder, das nicht auf Zufälligkeiten beruht, sondern darauf, dass Gott Leben in die Nase hineinbläst.

Ein anderes Beispiel für etwas, das „nach wie vor" so ist wie im Paradies, ist, dass wir arbeiten. Es gibt andere Paradiesgeschichten, in denen der Mensch überhaupt nicht arbeitet.[4] Aber im Paradies der Bibel tut er das: „Gott der Herr nahm den Menschen und setzte ihn in den Garten Eden, dass er ihn bebaute und bewahrte" (Gen 2,15). Damit ist wohl eine Arbeit gemeint, die leicht ist und gelingt, so wie es im Paradies sein soll. Aber auch in der Wirklichkeit, in unserer Wirklichkeit, passiert es, dass eine Arbeit gelingt, dass sie so gerät, wie man sie haben will. Es gibt Zeiten, wo es geht wie ein Tanz, wenn man darauf kommt, wie man es machen soll, und es ein vergnügliches Spiel wird.

Ein drittes Beispiel: Die beiden Menschen im Paradies passen zusammen, werden zueinander hingezogen und sind nackt, ohne sich voreinander zu schämen (Gen 2,25). Das kommt nicht nur in Träumen vom Paradies, sondern überall in der Welt vor, sowohl in wörtlichem als auch in weniger wörtlichem Sinn. Es kommt vor, dass man sich unter Leuten befindet, mit denen man zusammenpasst und vor denen man nichts zu verbergen braucht: das Paradies im Alltag.

Genesis 1

Die jüngere Schöpfungserzählung, Gen 1,1–2,4a, hat in vieler Hinsicht einen anderen Charakter. Sie ist abstrakter und systematischer, auch feierlicher durch die regelmäßig wiederkehrenden Wendungen „Gott sprach", „Gott sah, dass es gut war", „es wurde Abend und es wurde Morgen", usw. Außerdem zeigt sich hier ein naturwissenschaftliches Interesse, eine Freude am Klassifizieren der Phänomene: Himmelskörper, Pflanzen, Tiere usw. Insofern wird ein Weltbild vermittelt, das mit dem der gegenwärtigen Naturwissenschaft konkurriert und in vielen Punkten veraltet ist. Es ist die Frage, ob es nicht schon zu der Zeit des Verfassers veraltet war. Gen 1 gehört zur Priesterschrift, P, und stammt aus dem 6. oder 5. Jahrhundert v. Chr. An anderen, ungefähr gleichzeitigen oder etwas älteren Stellen im Alten Testament hat man zum Beispiel eine modernere Sicht des Wasserkreislaufs, die

---

4 Siehe Westermann 300.

P doch wohl auch bekannt war.[5] Trotzdem hält P in Gen 1 an dem altorientalischen Weltbild fest, das er aus seinen Vorlagen übernommen hatte, einschließlich der Vorstellung, dass der Regen durch das Himmelsgewölbe hindurch aus einem darüber liegenden Ozean kommt. Das deutet darauf hin, dass P nicht in erster Linie Naturwissenschaft betreibt, sondern etwas Grundlegenderes über die Welt als ganze sagen will, etwas, das unabhängig von den wechselnden Weltbildern der Wissenschaft gilt.

In Gen 1 geht es nicht mit dem Erdboden und dem Menschen an wie in Gen 2 (*adamá* und *adám*, 2,7), sondern mit „Himmel und Erde", mit dem ganzen Universum:

> Am Anfang schuf Gott Himmel und Erde.

(Gen 1,1)

Erst danach folgt in Vers 2 die Schilderung des Chaos, die in ausführlicherer und dramatischerer Form Schöpfungserzählungen bei Israels Nachbarvölkern einleitet, mit den drei wiederkehrenden Elementen Wasser („die Tiefe", *tehóm*), Finsternis und Wind:

> Die Erde war wüst und leer, die Tiefe war von Finsternis bedeckt; und ein Gotteswind fegte über das Wasser dahin.

(Gen 1,2)

Das ist, könnte man sagen, ein Versuch, das Unbeschreibbare zu beschreiben: die Welt, bevor es die Welt gab, eine Welt, wo alles fehlt (vgl. Jer 4,23–25 und auch Gen 2,5).[6]

In den orientalischen Erzählungen, die hinter Gen 1 stehen, geht die Welt aus diesem ursprünglichen Chaos hervor. Zuerst kommt in der Regel eine Schilderung der Entstehung der Götter, eine Theogonie, dann, manchmal, ein Kampf. In dem babylonischen Schöpfungsepos *Enuma elisch* heißt die „Tiefe" Tiamat, was den Salzwasserozean der Urzeit und

---

5 Hi 36,27; Ps 135,7; Jes 55,10; Jer 10,13.
6 Eine Übersicht über die vorderorientalischen Parallelen gibt Schmidt 21–32.76–87. Zu der Übersetzung „Wind" (statt „Geist") vgl. Gunkel 104; Schmidt 81–84.

gleichzeitig eine Göttin bezeichnet, welche die anderen, jüngeren Götter in Todesangst versetzt. Am Schluss fasst sich Marduk ein Herz und bläst einen „bösen Wind" in ihren Rachen, so dass sie ihn nicht schließen kann. Danach spaltet er sie in zwei Teile; aus denen schafft er Himmel und Erde und nach und nach auch alles andere.[7] Auch im Alten Testament spricht man gelegentlich auf ähnliche Weise von der Schöpfung als einem Kräftemessen, besonders im Psalter.[8]

So ist es aber nicht in Gen 1. Hier geht der Schilderung des Chaos in Vers 2 der Vers 1 voraus, eine Überschrift, die sich auf die ganze Erzählung bezieht und die keine Entsprechung in den verwandten Texten des Orients hat. „Einfach und machtvoll stellt der Verfasser zunächst das Dogma fest, *daß* Gott die Welt geschaffen hat; kein Wort gibt es in den Kosmogonien anderer Völker, das diesem ersten Wort der Bibel gleichkäme."[9] Manchmal werden 1,1–2 als Nebensätze zu Vers 3 gedeutet: „Als Gott anfing, den Himmel und die Erde zu schaffen, die Erde aber wüst und leer war . . ., sagte Gott . . ."[10] Das ist jedoch kein natürliches Verständnis der hebräischen Syntax. Es ist wahrscheinlicher, dass Vers 1 eine Überschrift für die ganze Erzählung darstellt.[11]

Man hat von den Nachbarvölkern eine Schilderung des Chaos übernommen und stark vereinfacht, aber ihr eine eigene Überschrift vorangestellt: Am Anfang schuf Gott, *bereschít bará elohím* – und davor gab es nichts, weder Zeit noch Raum. Das können wir uns nicht vorstellen, und das konnte der Verfasser auch nicht. Trotzdem war es ihm wichtig, mit diesem Glaubenssatz zu beginnen. Er nahm dafür die Merkwürdigkeit in Kauf, dass das Erste, was Gott schafft, das Chaos gewesen zu sein scheint, das in Vers 2 geschildert wird. Allerdings war die Chaosschilderung der traditionelle Anfang einer Schöpfungserzählung. Vor diesen hat Israel seinen eigenen Anfang in Vers 1 gesetzt.

---

7 TUAT III, 569–602; vgl. Schmidt 22 f.
8 Z. B. Hi 26,10–13; Ps 74,12–17; 89,9–12; 104,5–9 (siehe Kap. 4).
9 Gunkel 101.
10 Z. B. Nielsen, Første Mosebog, 44–46; Kaiser 265.
11 Vgl. Schmidt 74 f. 87–93; Westermann 130–136; Steck 223–227.

In Gen 1 findet sich kein Kampf zwischen verschiedenen Mächten. Hier steht nur eine Person auf der Bühne, ein verborgener Schöpferwille hinter allem. Hier geschieht nichts, bevor Gott spricht.

> Gott sprach: Es werde Licht! Und es ward Licht. Und Gott sah, dass das Licht gut war. Da schied Gott das Licht von der Finsternis und nannte das Licht Tag und die Finsternis Nacht. Da ward aus Abend und Morgen der erste Tag.
>
> *(Gen 1,3–5)*

Damit beginnt die Zeit. Dass die Sonne später als das Licht geschaffen wird, ist sonderbar, mag aber damit zusammenhängen, dass die wichtigste Folge der Erschaffung des Lichtes darin besteht, dass die Zeit in Gang kommt; das geschieht, wenn Tag und Nacht aufeinander zu folgen beginnen.[12] Die unheimliche Chaosfinsternis bekommt jede Nacht etwas von ihrer Macht zurück. Aber sie hat einen Namen bekommen, und in dem Namen „Nacht" liegt, dass die Finsternis zeitlich begrenzt, in die Schöpfung eingeordnet ist – da kann man schlafen und munter werden für den nächsten Tag.

Dann wird das Himmelsgewölbe geschaffen, „um Wasser von Wasser zu scheiden"; der Weltraum ist in diesem alten Weltbild mit Wasser angefüllt, das ist der Grund dafür, dass der Himmel so blau ist. Das Wasser unter dem Himmel sammelt sich an einer Stelle, so dass trockenes Land sichtbar wird; dieses wird „Erde" und das Wasser „Meer" genannt, und die Erde kleidet sich auf Gottes Anordnung in schöne grüne Kleider. Die chaotischen Wassermassen haben einen Namen bekommen, und in dem Namen „Meer" liegt, dass das Wasser räumlich begrenzt, in die Schöpfung eingeordnet ist – man kann darauf segeln.

Sodann befestigt Gott Lampen am Himmelsgewölbe und erfüllt die geschaffene Welt mit Leben: die Vögel des Himmels, die Fische des Meeres, die Tiere der Erde und zuletzt die Krone des Werkes, der willkommene Gast, für den das

---

12 Westermann 155.

alles hergerichtet ist: der Mensch, Gottes Ebenbild, Gottes Stellvertreter in der Schöpfung. Weil das Abbild in zwei Varianten existiert, männlich und weiblich, ist Gott offensichtlich weder als das eine noch das andere vorgestellt – außer in der Sprache, wo eine Person meistens automatisch zu „er" oder „sie" wird. Die Menschen jedoch existieren in zwei Gestalten. Sie bekommen das alles, um darin zu leben und darüber zu herrschen.

Gott hat einen Raum im Universum bereitgestellt, wo das Leben blühen kann, mit einer Erde, die grünt, einem blauen Dachgewölbe, das gerade genug Wasser durchlässt, dass Pflanzen, Tiere und Menschen leben können, und Lampen an der Decke, eine große für den Tag und eine kleinere und mildere Nachtlampe. Das Ganze mag reichlich idyllisch wirken, wie ein Traum von einem verlorenen Paradies. Aber ebenso wie die Paradiesgeschichte in Gen 2 greift ja Gen 1 tatsächlich elementare Erlebnisse auf, die auch die unseren sind, die wir wiedererkennen können.

Jedes Frühjahr ist es gleich merkwürdig, dass die Tage wieder länger werden, dass das Licht zurückkehrt. Das wird nicht eintönig, wie viele Frühjahre man auch schon mitgemacht haben mag. Jeder Morgen ist eine kleine Wiederholung des Schöpfungsmorgens, an dem das Licht die Finsternis besiegt. Und im Sommer kann man am Meer stehen und sehen, wie eine Welle nach der anderen auf den Strand zurollt und wieder zurückfließt, jedes Mal „von derselben unsichtbaren Hand" gebändigt.[13] Man steht da in der ruhigen Gewissheit, dass das Meer sich in seinen Grenzen hält, dass jede Welle zurückfließt. Denn Gott hat dem Wasser einen besonderen Ort gegeben: „Bis hierher sollst du kommen und nicht weiter; hier sollen sich legen deine stolzen Wellen!" (Hi 38,11). Auf diesen und anderen alltäglichen Erlebnissen gründet das, was nach allen Schöpfungswerken gegen Schluss von Gen 1 gesagt wird:

Gott sah an alles, was er gemacht hatte, und siehe, es war sehr gut.

(Gen 1,31)

---

13 Deutsch nach: Johnson, Ursprunget, 15 f.

Das ist eine Schlussfolgerung aus den allgemeinmenschlichen Erlebnissen des Daseins, die in die Erzählung aufgenommen worden sind. Zugleich aber ist es eine trotzige Behauptung, ein Glaubenssatz.[14] Beide Schöpfungserzählungen in Gen 1–2 richten sich gegen andere „Erzählungen", andere Deutungen der Welt und des Menschenlebens. Die Schöpfungserzählungen enthalten Polemik, und was sie sagen, wird klarer, wenn man die Aufmerksamkeit auf das richtet, was sie nicht sagen, was sie ablehnen.

Was die Erzählungen ablehnen

Die Unterschiede zwischen Gen 1 und deren orientalischen Entsprechungen und (zum Teil) Vorlagen, auf die man hinzuweisen pflegt, hängen mit dem grundlegenden Unterschied zusammen, dass diese polytheistisch sind, mit einer Menge von Göttern, Göttinnen und anderen Mächten als Akteuren im Dasein. In Gen 1 findet man, wie gesagt, keine Theogonie und keine Götter verschiedenen Geschlechts. Gott ist nicht in die sexuelle Polarität einbezogen. Ebenso wenig findet man einen Kampf. Gott schafft ohne Mühe. Er spricht, und es geschieht so, wie er sagt.

Die Himmelskörper sind nicht, wie bei den Nachbarvölkern, Mächte, die über den Menschen herrschen.[15] Sie sind Gottes Geschöpfe, dem Menschen zu Diensten, um zu leuchten und die Zeit zu messen. Dass Sonne und Mond nicht mit Namen genannt werden, sondern die gemeinsame Bezeichnung *ma'ór*, „Lichtkörper", „Lampen" bekommen, ist Ausdruck der Tendenz zur Abstraktion und Systematisierung in Gen 1. Es beruht aber vermutlich auch darauf, dass die Wörter für Sonne und Mond, *schémesch* und *jaréach*, zu stark an die Wörter der verwandten Nachbarsprachen erinnerten, die gleichzeitig Götternamen waren.[16]

---

14 von Rad, Das erste Buch Mose, 48.
15 Vgl. Schmidt 117 f.
16 Vgl. Schmidt 119 f.

Der Mensch schließlich wird nicht zur Entlastung und Bedienung der Götter geschaffen, wie in entsprechenden Erzählungen der Nachbarvölker, wo Tempelbau und Tempeldienst die Hauptaufgabe und raison d'être des Menschen darstellen.[17] In Gen 1 bekommt er den Auftrag Gottes, als sein Stellvertreter selbst über die ganze Schöpfung zu herrschen. Das gleicht eher der Stellung, die in Ps 2 der König als Gottes „Sohn" und Stellvertreter auf Erden innehat (so wie in verschiedenen Varianten sakralen Königtums in Ägypten und Mesopotamien)[18] – und der Stellung, den der Gott Baal in Ugarit innehat: Der Schöpfergott El kann ruhen, wenn Baal von den Toten aufersteht und seinen Königsthron wieder einnimmt.[19] In Gen 1 ist es der Mensch, jeder Einzelne, der auf dem Thron platziert wird. Diese „königliche" Anthropologie trifft man nicht nur in Gen 1, sondern auch in Ps 8. Dort geht der Hintergrund des Textes in der Königsideologie aus den Formulierungen klarer hervor:

> Wenn ich sehe die Himmel, deiner Finger Werk,
> den Mond und die Sterne, die du bereitet hast:
> was ist der Mensch, dass du seiner gedenkst,
> und des Menschen Kind, dass du dich seiner annimmst?
> Du hast ihn wenig niedriger gemacht als Gott,
> mit Ehre und Herrlichkeit hast du ihn gekrönt.
> Du hast ihn zum Herrn gemacht über deiner Hände Werk,
> alles hast du unter seine Füße getan.
>
> *(Ps 8,4–7)*[20]

Die Beziehung zwischen dem Schöpfer und dem Menschen, jedem Menschen, ist unmittelbar. Kein Zwischenglied ist erforderlich, seien es Götter oder Könige.

Ein ähnlicher Unterschied findet sich in der Paradieserzählung in Gen 2 gegenüber anderen Paradiesvorstellungen im Alten Testament und dessen Umwelt, und zwar gegenüber

---

17 Vgl. Schmidt 24; Westermann 301 f.
18 Vgl. Frankfort 46–58. 81; Schmidt 137–141.
19 TUAT III, 1191; vgl. Schmidt 159; Nielsen, Auffassung von der Natur, 55 f.
20 Vgl. die Terminologie in den Königspsalmen 21,4.6; 45,4.7; 110,1.

der verbreiteten Vorstellung vom Paradies als Wohnung der Götter.[21] Sie steht wahrscheinlich im Hintergrund von Gen 2–3 und schimmert wohl durch in 3,8, wo Gott am Abend in den Garten hinausgeht: in seinen Garten, so liegt es auf der Hand zu denken.[22] Doch ist das höchstens eine Reminiszenz. Der Garten, von dem Gen 2–3 handelt, ist nicht die Wohnung Gottes, sondern des Menschen. Er wird erst nach der Erschaffung des Menschen und um seinetwillen bepflanzt (2,8). Der Mensch ist es, der von ihm leben und ihn bestellen soll (2,8.15). Seine Arbeit ist für den Garten und der Garten für ihn da, nicht für Gott.

Diese Sicht des Menschen als „freier Herr über alle Dinge und niemand untertan",[23] keinem außer dem Schöpfer, kann durchaus seine Relevanz behalten, auch wenn biblischer Gottesglaube in seiner Umwelt keinen orientalischen Polytheismus und keine Königsideologie als Rivalen hat. Die beiden Schöpfungserzählungen in Gen 1–2 widersprechen jedoch auch solchen Lebenseinstellungen, die unmittelbarer aktuell, unzweideutiger zeitlos sind.

Vor allem bestreiten sie, dass das Dasein im Grunde chaotisch und grausam und dass alle Mühe sinnlos sei – Überzeugungen, die gewiss modern, aber nicht auf unsere Zeit beschränkt sind. Man trifft auch in der Bibel auf sie, im Buch Hiob und beim Prediger Salomo. „Was hat der Mensch von all seiner Mühe unter der Sonne?" (Koh 1,3). „Die Welt ist einem Frevler ausgeliefert" (Hi 9,24; so die wortgetreue Übersetzung; gemeint ist Gott).

Des Weiteren bestreiten sie, dass die Welt und das Menschenleben im Grunde bloß eine Art Rohmaterial seien, das erst durch des Menschen formende, bildende oder gar schöpferische Wirksamkeit „gut" werde. Um ein trivialeres Beispiel zu nehmen: Ein schöner Garten wäre im Wesentlichen das Werk des Gärtners, wie in dem englischen Scherz von dem Pfarrer, der in seinem Gemeindebezirk einen Spaziergang macht und an einem ungewöhnlich schönen Garten

---

21 Vgl. im AT Gen 13,10; Jes 51,3; Ez 28,13; 31,8 f.
22 Vgl. Schmidt 205.
23 Luther, Von der Freiheit eines Christenmenschen, 251.

vorbeikommt. Der Eigentümer ist fleißig mit seinen Rabatten beschäftigt, und der Pfarrer sagt über den Zaun hinweg: „Wunderbar, was die Arbeit des Menschen mit Hilfe der göttlichen Vorsehung zustande bringen kann". Das verschwitzte Gemeindeglied antwortet: „Ach Herr Pastor, Sie hätten diesen Garten sehen sollen, als die göttliche Vorsehung ihn ganz für sich allein hatte."

Sicherlich sind auch das Erlebnisse, die jeder wiedererkennen kann: dass die Welt grausam und das Leben kümmerlich ist, randvoll mit Unruhe, und die Mühsal ohne Erfolg. Ein wesentlicher Zug der Schöpfungserzählungen der Genesis ist, dass sie an diesen negativen Erlebnissen nicht vorübergehen, sondern auch sie in die Erzählung aufnehmen – aber an sekundärer Stelle. Das ist die entscheidende Idee, der Geniestreich. Die Bedingungen des menschlichen Daseins werden gesichtet und bewertet.

Die Daseinsbedingungen werden bewertet

Auf die Paradiesgeschichte in Gen 2 folgt die Sündenfallgeschichte in Gen 3. Sie ist wahrscheinlich später geschrieben, später auch als Gen 1, aber eindeutig als Fortsetzung von Gen 2.[24] Das vermittelt zunächst den Eindruck einer zeitlichen Abfolge, da es um Erzählungen geht: Zuerst lebte der Mensch im Paradies, jetzt leben wir in der bösen Welt der Sünde. In Wirklichkeit aber begegnet man bereits in der Paradieserzählung allgemeinmenschlichen Erlebnissen aus der Welt, in der wir leben. Wir leben in beiden Erzählungen.

Sowohl Gen 2 als auch Gen 3 erzählen vom Hörer, von elementaren Wesenszügen des Menschenlebens, von den Grundbedingungen des Daseins. Aber diese Grundbedingungen werden gesichtet und bewertet. Manches im Leben ist, wie es sein soll, wie Gott es sich gedacht hat. Das ist

---

24 Vgl. Kratz/Spieckermann, Schöpfer/Schöpfung, TRE 30, 271–275 (Lit.).

geschaffen, das gehört zu Gen 2. Anderes ist nicht, wie es gedacht war. Das gehört zu Gen 3: die Unterordnung der Frau unter den Mann, die Schmerzen bei der Geburt von Kindern, die Mühsale und Fehlschläge der Arbeit (3,16–19).

Es besteht kein Zweifel, dass im Rechtssystem und in der gesellschaftlichen Wirklichkeit des alten Israel die Frau dem Mann untergeordnet war. Das geht schon aus dem zehnten Gebot im Dekalog hervor, wo sie zu den Besitztümern des Mannes gezählt wird (Ex 20,17; ein bisschen anders verhält es sich an der Parallelstelle Dtn 5,21).[25] Das wurde von dem Verfasser der Paradies- und Sündenfallgeschichten in Gen 2–3 auch sicher nicht als etwas betrachtet, das man verändern könnte, ebenso wenig wie die Mühsal der Arbeit. Umso bemerkenswerter ist es, dass er dies trotzdem in Gen 3 so klar den Folgen der menschlichen Sünde zuordnet. Es gehört nicht zu Gen 2, es ist nicht so, wie es sein sollte, keine „Schöpfungsordnung".

Dasselbe gilt für die Mühsal der Arbeit, für das Missverhältnis von Leistung und Resultat, wenn Disteln und Dornen wachsen, obwohl man Getreide gesät hatte.

Weniger sicher ist es, ob die Erzählung auch die Sterblichkeit des Menschen zu dem zählt, was nicht geschaffen ist.

Einerseits macht Gott nicht Ernst mit der Drohung: „An dem Tage, da du von ihm isst, musst du des Todes sterben" (2,17). So kommt es nicht; dann wäre die Geschichte des Menschen zu Ende gegangen, bevor sie angefangen hat. Und die Worte können auch nicht etwas anderes bedeuten, beispielsweise „wirst du sterblich werden". Es ist eher eine Warnung, so nachdrücklich wie sie nur sein kann, was Gott aber nicht hindert, sodann Gnade für Recht ergehen zu lassen.[26] Ebenso wenig kann man sagen, dass der Tod unter den Folgen des Sündenfalls in 3,16–19 als Hauptsache genannt würde, eher als Ende der Mühsal: „Im Schweiße deines Angesichts sollst du dein Brot essen, bis du wieder zu Erde werdest." Er wird auf den Ursprung und das Wesen

---

25 Vgl. z. B. auch Gen 20,3; Ex 21,3.22; Dtn 22,22; 24,4; 2. Sam 11,26.
26 Gunkel 10.

des Menschen zurückgeführt: „Denn du bist Erde und sollst zu Erde werden." (3,19)

Andererseits schließt die Erzählung jedenfalls in ihrer jetzigen Form damit, dass dem Menschen wegen seiner Anmaßung der Zugang zum „Baum des Lebens" verwehrt wird (3,22.24). Das markiert einen Zusammenhang zwischen Schuld und Tod. Und selbst wenn der Tod in Gen 3,19 keine Hauptsache ist, rücken die Worte ihn jedenfalls ins Bewusstsein des Menschen. Er steht da als das düstere Ende, welches das ganze Leben überschattet. So ist es nicht in Gen 2, so war es nicht gedacht.[27]

Zu den Bedingungen, die in Gen 3,16–19 nicht unter die geschaffenen, sondern unter die Eingriffe in das Geschaffene gerechnet werden, gehört daher vielleicht nicht nur die Mühsal des Lebens, sondern möglicherweise auch der Tod. Vom biologischen Gesichtspunkt her wäre das nicht verständlich – das Leben würde ja erstickt und müsste aufhören, wenn es den Tod nicht gäbe –, psychologisch jedoch gut nachvollziehbar. „Wir protestieren in unserem Inneren gegen den Tod, auch wenn unser Intellekt uns sagt, dass es anders nicht sein kann."[28]

Warum ist es so, wenn es nicht so gedacht war? Gen 3,1–7 antwortet mit der Erzählung einer Geschichte.

(1) Die Schlange war listiger als alle Tiere auf dem Felde, die Gott der Herr gemacht hatte, und sprach zu der Frau: Ja, sollte Gott gesagt haben: Ihr sollt nicht essen von allen Bäumen im Garten? (2) Da sprach die Frau zu der Schlange: Wir essen von den Früchten der Bäume im Garten, (3) aber von den Früchten des Baumes mitten im Garten hat Gott gesagt: Esset nicht davon, rühret sie auch nicht an, dass ihr nicht sterbet. (4) Da sprach die Schlange zur Frau: Ihr werdet keineswegs des Todes sterben, (5) sondern Gott weiß: an dem Tage, da ihr davon esst, werden eure Augen aufgetan, und ihr werdet sein wie Gott und wissen, was gut und böse ist. (6) Und die Frau sah, dass von dem Baum gut zu essen wäre und dass er eine Lust für die Augen wäre und verlockend, weil er klug machte. Und

---

27 von Rad, Das erste Buch Mose, 77.
28 Deutsch nach: Johnson, Döden i bibeln, 45.

sie nahm von der Frucht und aß und gab ihrem Mann, der bei ihr war, auch davon und er aß. (7) Da wurden ihnen beiden die Augen aufgetan und sie wurden gewahr, dass sie nackt waren, und flochten Feigenblätter zusammen und machten sich Schurze.

Es gelingt der Schlange, ein kleines Gespräch zu eröffnen über die schönen Bäume im Garten und allmählich auch über den einzigen Baum, von dem der Mensch *nicht* essen durfte und warum Gott das verboten haben sollte. „Ja, sollte Gott gesagt haben ...?" Ein kleiner Same von Misstrauen wird gesät, ein Gedanke geweckt. Gott will vielleicht nicht das Beste des Menschen, sondern ist missgünstig: „Ihr werdet keineswegs sterben" – das tun sie ja auch nicht –, aber ihr bekommt Erkenntnis!

Die Schlange ist in dieser Erzählung kaum ein Teufel, sondern eines von all den Tieren, die Gott gemacht hat, nur ungewöhnlich listig.[29] Sie ist eine anschauliche Gestalt der „Stimme", die jedermann kennt, der Versuchung, sich auf eine Art und Weise einen Vorteil zu verschaffen, die nicht erlaubt ist – die aber gerade da nicht so gefährlich zu sein scheint. Warum sät die Schlange Misstrauen? Warum hört der Mensch darauf? Der Erzähler macht keinen Versuch, das zu erklären. Es bleibt unbegreiflich – und gleichzeitig wohlbekannt und vertraut. Ein jeder kann die Stimme jeden Tag hören.

Der Wille zur Macht ist in Gen 3 die Wurzel des Bösen (vgl. Mt 4,1–11; Phil 2,5–11): nicht die Unmoral des Menschen, noch weniger seine Kriminalität, sondern seine Anmaßung, das Misstrauen gegenüber dem Schöpfer, der Wille, selbst Gott zu sein,[30] Herr über sein Leben, allwissend und

---

29 Dagegen hat die Schlange wahrscheinlich eine dämonische Vorgeschichte in älteren mythologischen Vorstellungen, z. B. von Lotan in Ugarit, der schnellen Schlange, der sich ringelnden Schlange (TUAT III, 1174 f.) und von Leviathan im AT (Jes 27,1; vgl. Hi 26,13) – Vorstellungen, die dann in späterer Zeit wieder auftauchen (Weish 2,24; Offb 12,9; 20,2; siehe Schmidt 211).

30 Das hebräische *elohím* kann sowohl „Gott" als auch „Götter" bedeuten. In Gen 3,5 macht das keinen großen Unterschied (werden „wie Gott" oder „wie Götter").

allmächtig. Das ist hier der wahrscheinlichste Sinn von „Erkenntnis von Gut und Böse". Das Hebräische hat keine Entsprechung zu unserem betonten „alles", sonder man benutzt ein Wortpaar: „Himmel und Erde", „Gut und Böse". „Erkenntnis von Gut und Böse" ist im Hebräischen die beste Art, „Erkenntnis von allem" zu sagen.[31] Dagegen hat der Ausdruck kaum einen moralischen Sinn, jedenfalls nicht primär. Warum sollte es unwiderstehlich verlockend sein, Erkenntnis von Moral zu bekommen, davon, was Sünde und Tugend sind? „Darauf ist niemand neugierig."[32] Im Gegenteil wird vorausgesetzt, dass die Menschen in der Erzählung bereits wissen, dass Gehorsam gegen Gott gut und Ungehorsam böse ist. „Vielmehr die Erkenntnis, die hier verboten ist, ist die eigentliche, die allgemeine Erkenntnis, das Klugwerden, wie es hinterdrein genannt wird. Das ist es, was nach des Verfassers Meinung über die Schranken unserer Natur hinausgeht, das Geheimnis der Dinge, das Geheimnis der Welt zu ergründen, Gott gleichsam in die Karten zu gucken, wie er es bei seinem lebendigen Wirken anfängt, um es etwa ihm abzusehen und nachzumachen. Denn Wissen ist der alten Welt immer zugleich auch Können."[33] Wissen ist Macht, Wissen von allem ist Allmacht. In der Terminologie von Gen 1 könnte man sagen, dass es um die Lust des Abbildes geht, den Abgebildeten zu ersetzen, den man vertritt.

Gleichzeitig ist es vermutlich von Gewicht, dass die Schlange, die böswillige Stimme, die das Zutrauen zu Gott in Frage stellt, nicht dasselbe ist wie der Mensch, sondern irgendwie eine fremde Stimme. Dag Hammarskjöld spricht von „diesem düsteren Kontrapunkt des Bösen, der in unserem Wesen, ja, *von* unserem Wesen, doch nicht unser Wesen ist".[34] Ungefähr dasselbe sagt Paulus: „Das Gute, das ich will, das tue ich nicht; sondern das Böse, das ich nicht will, das tue ich. Wenn ich aber tue, was ich nicht will, so tue

---

31 Vgl. Wellhausen, Prolegomena, 299–301; von Rad 71 f.; Westermann 328–343.
32 Wellhausen, Prolegomena, 300.
33 Wellhausen ebd.
34 Hammarskjöld, 130.

nicht ich es, sondern die Sünde, die in mir wohnt." (Röm 7,19–20) Der Mensch, der das Böse tut, ist nicht der Mensch, der er selbst ist.

Die Erzählung fährt fort, dass die Menschen tatsächlich Erkenntnis erlangen – davon, dass sie nackt sind. Man sollte etwas viel Größeres werden, man sollte werden wie Götter, entdeckt aber stattdessen, dass man nicht ordentlich angezogen ist. Das erinnert wahrscheinlich jeden Einzelnen, sicher auch den Erzähler, an unangenehme Träume, wo man sich plötzlich vor den Blicken aller Leute mehr oder minder nackt findet.[35] Hinter solchen Träumen steht nach Gen 3 die Tragik des Menschen. „Scham ist das überwältigende Gefühl gestörter innerer Harmonie und Zufriedenheit mit sich selbst."[36] Die einander eine Freude waren, bedecken sich voreinander, sie verstecken sich vor Gott; am wenigsten von allen will man vor Gott nackt dastehen; und sie wälzen die Schuld von sich ab, der Mann auf die Frau und die Frau auf Schlange.[37] Indirekt beschuldigt der Mann auch Gott: „Die Frau, die du mir gegeben hast ..." (3,12)

So ging es zu, so geht es zu nach Gen 3. Der Mensch will in Vertrauen leben, im Glauben; er ist dafür geschaffen. Doch zugleich will er in jeder Hinsicht Herr über sein Leben sein. Daraus folgen die Widersprüche des menschlichen Daseins. Darum gehört zum Wesen des Menschen nicht nur, sich in Dankbarkeit gegen Gott an seinem Mitmenschen zu freuen (2,23–25), sondern auch sich zu schämen (3,7), Angst zu haben (3,10) und sich selbst der Nächste zu sein (3,12);

---

35 Vgl. Johnson, Ursprunget, 30.
36 Delitzsch 96.
37 Der Mann hat darin unter christlichen Theologen viele Nachfolger gefunden; nicht jedoch in Paulus, denn der sagt, dass die Sünde durch den Mann eingetreten sei (da Adam als Entsprechung zu Christus steht, Röm 5,12–19) oder dass sie durch die Frau eingetreten sei (da Eva als Entsprechung zur Kirche steht, 2. Kor 11,2 f.), aber niemals, dass sie durch die Frau und *nicht* durch den Mann eingetreten sei. Dies sagt dagegen sein in diesem Punkt etwas missratener Schüler in 1. Tim 2,14 (wo Adam überhaupt nicht von der Frucht gegessen zu haben scheint); diese männliche Haltung wird jedoch in Gen 3 nicht als nachahmenswert dargestellt.

nicht nur nach Herzenslust mit Gottes Gaben zu arbeiten (2,15), sondern auch überhäuft zu werden mit Plagen, Kummer und Mühe (3,16–19). So könnte man stark abstrahierend einiges von dem zusammenfassen, was Gen 2–3 sagt.

Eine solche Abstraktion wird nicht allem in dieser Erzählung gerecht. Sie bleibt schwer auszulegen und vieldeutig, nicht zuletzt aus dem Grund, dass sie Motive enthält, die unterschiedlichen Ursprungs und nicht ganz miteinander verschmolzen sind. Im Hintergrund stehen orientalische Mythen von der Erschaffung des Menschen, von der Wohnung der Götter, dem Baum des Lebens, dem Wasser des Lebens, vom Urmenschen, der Gott sein will, aber ins Todesreich hinabgestoßen wird.[38] Ein Beispiel für fortbestehende Spannungen ist, dass der Baum des Lebens in 2,9 und 3,22.24 neben dem Baum der Erkenntnis genannt wird, obwohl das Gespräch in 3,1–5 voraussetzt, dass bloß ein Baum „mitten im Garten" steht.

Sowohl dem Sündenfall in 3,1–6 als auch dessen Folgen in 3,17–19 fehlen anderwärts Entsprechungen.[39] Vor allem der Gesamtzusammenhang hat, soweit man weiß, keine außerbiblische Parallele: die Idee, die Grundbedingungen des Daseins auf zwei Erzählungen zu verteilen, Kap. 2 und Kap. 3, und sie in zwei Arten aufzuteilen, solches, das geschaffen und gut ist und solches, das einen Eingriff in das Geschaffene darstellt.

Dagegen gibt es eine innerbiblische, wahrscheinlich etwas ältere Parallele in der Priesterschrift. Ein ähnliches Verhältnis wie zwischen Gen 2 und 3 herrscht innerhalb von P zwischen den Erzählungen von der Schöpfung in Gen 1 und von der Sintflut und ihren Folgen in Gen 6–9. Dazwischen steht in P nur die Ahnentafel in Gen 5, also keine Sündenfallerzählung. Es wird lediglich am Anfang der Erzählung von der

---

38 Vgl. von Rad 79–81; Schmidt 194–229.

39 Dass der Mensch (im Singular!) wegen seiner Anmaßung vom Baum des Lebens vertrieben wird (3,22–24), passt dagegen mit dem Mythos vom Urmenschen (im Singular) zusammen. Im Alten Testament taucht dieser Mythos in den Unheilsweissagungen gegen Babel Jes 14 und gegen Tyrus Ez 28 auf.

Sintflut konstatiert, dass „die Erde immer mehr verderbt und voller Gewalt" (6,11) wurde. Dem letzten Satz in Gen 1:

> Gott sah an alles, was er gemacht hatte, und siehe, es war sehr gut.
>
> *(Gen 1,31)*

entspricht am Anfang von Gen 6:

> Da sah Gott auf die Erde, und siehe, sie war verderbt.
>
> *(Gen 6,12)*

Nicht anders sieht es nach der Sintflut aus. „Die Flut hat offenbar nicht den Menschen verwandelt, sondern Gott!"[40] (vgl. 6,5–7 mit 8,21). Nach der Sintflut bekommt der Mensch (in 9,1 ff.) aber das Recht, Tiere zu töten, als eine Art Ventil für seine Mordlust,[41] und die Gesellschaft bekommt das Recht, gegen Verbrecher Gewalt zu üben:

> Wer Menschenblut vergießt,
> dessen Blut soll auch durch Menschen vergossen werden;
> denn Gott hat den Menschen zu seinem Bilde gemacht.
>
> *(Gen 9,6)*

Die Gewaltausübung der Gesellschaft gehört nicht zu dem, was „sehr gut" ist, sie ist keine Schöpfungsordnung. Sie sollte nicht nötig sein, aber sie ist nötig, weil die Alternative noch schlimmer wäre, denn die Welt des Menschen ist voll von Gewalt. Das ist so, wie es ist, aber es war nicht so „von Anfang an". Das heißt: Es ist nicht so gedacht. Es gehört nicht in Gen 1, sondern in Gen 9.

So ist die Welt, so ist der Mensch, Gut und Böse durcheinander. Es ist niemals anders gewesen. Trotzdem hat es etwas zu bedeuten, dass das Böse in der Erzählung später kommt. Es bedeutet, dass das Böse qualitativ sekundär, parasitär ist, eine Entstellung des Guten. So deutet auch die menschliche Sprache das Dasein: Achtung, Harmonie, Ver-

---

40 Perlitt 392
41 Jeremias, Schöpfung, 36.

ständnis, Vertrauen sind primär, sie sind Ausgangspunkte, normale Verhältnisse. Missachtung, Disharmonie, Missverständnis, Misstrauen sind etwas Sekundäres, Negationen des Normalen.[42] So deuten uns auch die Schlagzeilen der Zeitungen das Dasein. Da stehen Nachrichten, alles, das vom Normalen abweicht, und das ist fast nur Elend. Dass die Sonne aufgeht, dass Menschen atmen, dass das Leben wie gewöhnlich weitergeht, das sind keine Neuigkeiten zum Ausposaunen. Das Gute ist normal und füllt deshalb keine Zeitungsspalten.

Doch genau deshalb werden im heutigen Deutschland ebenso wie im antiken Israel diese Selbstverständlichkeiten leicht vergessen, wenn man sich Gedanken über das Dasein macht. Und deshalb werden die biblischen Schöpfungserzählungen erzählt: damit der Hörer sich wiedererkennen, an gewisse selbstverständliche Grundzüge seines eigenen Daseins erinnert werden und sich auf die Güte des Schöpfers verlassen soll, obwohl die Welt zweideutig ist.

> Wie zahlreich sind deine Werke, o Herr!
> Mit Weisheit hast du sie alle vollbracht,
> die Erde ist voll von deinen Geschöpfen.
>
> *(Ps 104,24)*

---

42 Vgl. Løgstrup, Kunst og etik, 190–195.

3 | Die Furt am Jabbok

An der großartigen Barockkanzel des Meisters Niklas Öster-
bom von Norrköping im Dom von Linköping befindet sich
ein Bild vom Paradies: die Frau und der Mann, ohne Scham
nackt, der schöne Baum – und die Schlange. Sie sind drauf
und dran, von der Frucht zu essen. Das Bild gleich rechts
davon, das große Mittelbild unter Lesepult und Mikrophon,
wo der Prediger der Gemeinde große Freude verkündigen
und wo Christus, das Wort, den Hörern ausgeteilt werden
soll, damit es in ihrem Inneren geboren wird, stellt die Verkündigung dar: Gabriel verkündigt Maria, dass Christus geboren werden soll. Das Bild rechts von der Mitte stellt Marias Besuch bei Elisabeth dar, und das folgende Bild Jesu
Geburt und die Anbetung der heiligen drei Könige. Es ist die
große Geschichte, könnte man sagen, vom Anfang des Lebens in Schöpfung und Fall bis zum Beginn der Neuschöp-
fung in der Geburt Jesu.

Das Bild links vom Paradies, das der Huldigung der Könige auf der rechten Seite entspricht, handelt dagegen nicht
von Anbetung, sondern von Anfechtung. Es stellt einen
Kampf auf Leben und Tod dar. Es ist Jakob, der an der Furt
des Jabbok mit einem Engel ringt (dass es ein Engel ist, steht
nicht in der Genesis, sondern in Hos 12,5). Dieses Motiv ist
in der kirchlichen Kunst nicht ebenso geläufig. Doch auch
das ist ein Bild aus der biblischen Geschichte – und aus dem
Leben. Es steht neben Jakobs Traum von der Himmelsleiter
in Bethel, der von ganz unten am Fußboden bis zum Kan-
zelkorb hin abgebildet ist, entlang der ganzen Treppe auf
dieser Seite der Säule. Diese beiden nächtlichen Szenen sind
nicht willkürlich gewählt. Sie repräsentieren Höhen und Tie-

fen im gewöhnlichen menschlichen Leben, das zwischen Schöpfung und Vollendung gelebt wird, in dem „kleinen" Leben innerhalb der großen Geschichte. Es enthält alles, vom Glanz himmlischer Herrlichkeit und Barmherzigkeit bis zu unbegreiflichen Angriffen in der Finsternis. Die beiden Szenen heben sich auch unter den Erzählungen der Bibel von Jakob heraus: der wunderbare Traum in Bethel, wie er die Himmelspforte sieht (Gen 28), und der unheimliche Kampf am Jabbok, wo er zu Israel wird (Gen 32).

Jakob, der Verschlagene, hat sich durch das Leben hindurch geschlängelt, er hat gelernt, unangenehmen Konfrontationen auszuweichen, zur Seite zu schielen, irgendeinen pfiffigen Ausweg zu finden – und er hat großen Erfolg gehabt.

Zuerst betrog er seinen Vater, den alten blinden Isaak, und seinen Bruder, den großen behaarten Esau. Er erschlich Esaus Erstgeburtsrecht und den Segen, den Esau von Isaak hätte bekommen sollen. Dann begab er sich zu seinem Onkel Laban in Haran (Gen 25,19–34 und Kap. 27). Dort wurde er allerdings selbst betrogen, als er sieben Jahre lang um der schönen Rahel willen gearbeitet hatte und am Morgen nach der Hochzeit bemerkte, dass er statt ihrer Lea bekommen hatte. Dann bekam er aber auch Rahel, und durch diverse unglaubliche Tricks nahm er mit der Zeit die beste von Labans Viehherden in Beschlag (Gen 29–31).

Jakob war klug gewesen, hatte seine Karten geschickt ausgespielt – und Gott war mit ihm gewesen, alles war gut ausgegangen. Daran hatte er sich seit dem merkwürdigen Traum in Bethel gewöhnt, als er gezwungen worden war, sein Haus und sein Land und damit, menschlich geurteilt, auch seinen Gott zu verlassen – da erneuerte Gott Jakob gegenüber im Traum seine Verheißungen für Abraham und fügte hinzu: „Ich bin mit dir und will dich behüten, wo du auch hinziehst." (Gen 28,10–22; vgl. 12,1–3) Jetzt ist Jakob ein wohlhabender und unabhängiger Mann, auf dem Weg zurück in sein Heimatland mit all seinem geschickt erworbenen Eigentum.

Da, mitten in der Nacht, als Jakob sich noch allein an einer Furt des Flusses Jabbok befindet, versperrt Gott ihm plötzlich den Weg. Jetzt kann er sich nicht herauswinden. Jetzt ist Schluss mit List und Ausflüchten. Jetzt muss er Gott ins Angesicht sehen.

> (23) Und Jakob stand auf in der Nacht und nahm seine beiden Frauen und die beiden Mägde und seine elf Söhne und zog an die Furt des Jabbok, (24) nahm sie und führte sie über das Wasser, so dass hinüberkam, was er hatte, (25) und blieb allein zurück. Da rang ein Mann mit ihm, bis die Morgenröte anbrach. (26) Und als er sah, dass er ihn nicht übermochte, schlug er ihn auf das Gelenk seiner Hüfte, und das Gelenk der Hüfte Jakobs wurde über dem Ringen mit ihm verrenkt. (27) Und er sprach: Lass mich gehen, denn die Morgenröte bricht an! Aber Jakob antwortete: Ich lasse dich nicht, du segnest mich denn. (28) Er sprach: Wie heißt du? Er antwortete: Jakob. (29) Er sprach: Du sollst nicht mehr Jakob heißen, sondern Israel; denn du hast mit Gott und mit Menschen gekämpft und hast gewonnen. (30) Und Jakob fragte ihn und sprach: Sage doch, wie heißt du? Er aber sprach: Warum fragst du, wie ich heiße? Und er segnete ihn daselbst. (31) Und Jakob nannte die Stätte Pnuël, denn, sprach er, ich habe Gott von Angesicht gesehen, und doch wurde mein Leben gerettet. (32) Und als er an Pnuël vorüberkam, ging ihm die Sonne auf; und er hinkte an seiner Hüfte. (33) Daher essen die Israeliten nicht das Muskelstück auf dem Gelenk der Hüfte bis auf den heutigen Tag, weil er auf den Muskel am Gelenk der Hüfte Jakobs geschlagen hatte.

> *(Gen 32, 23–33)*

Dass es Gott ist, der ihn überfällt, ist nicht von Anfang an klar. Da rang (ein) „Mann", „jemand" mit ihm, heißt es nur. Es passte auch gar nicht zu Jakobs Gottesbild, dass Gott ihn angreifen sollte. Gott war im Gegenteil seine Stütze im Leben gewesen. Er hatte Gott soeben vor dem bevorstehenden, wahrscheinlich unausweichlichen Treffen mit Esau um Hilfe gebeten (Gen 32,10–13). Es war ein unangenehmes Gefühl, als er jetzt wieder auf dem Weg nach Hause war: dass er seiner Vergangenheit begegnen würde. Wie viel hatte Esau vergessen oder vergeben? „Er zieht dir schon entgegen mit 400 Mann", hatten Jakobs Diener ihm berichtet (32,7). Das brauchte nicht in feindlicher Absicht zu sein. Aber Jakob geht davon aus, dass es das ist. Sicherheitshalber hat er deshalb nicht nur um Gottes Beistand gebeten, sondern auch allerhand andere Vorsichtsmaßnahmen ergriffen. Er ist ja nicht naiv.

Zuerst hatte er seine Leute und sein Vieh in zwei Gruppen aufgeteilt: „Wenn Esau über das eine Lager kommt und macht es nieder, so wird das andere entrinnen" (32,9). „Ich hatte nicht mehr als diesen Stab, als ich hier über den Jordan ging, und nun sind aus mir zwei Lager geworden", sagt er dankbar zu Gott. „Jetzt bin ich zwei Gruppen geworden", steht wörtlich Gen 32,11. Jakob ist, was er besitzt, so klingt das.[1] Dann hatte er die eine Gruppe als Geschenk für Esau vorausgeschickt, um ihn so wohlwollend wie möglich zu stimmen, bevor sie einander Auge in Auge blicken würden (32,14–22). Schließlich brachte er den Rest seines Besitzes und seine ganze Familie über den Jabbok, schickte sie Esau entgegen und blieb allein zurück. Im Licht des Vorangegangenen sieht auch dies wie eine Vorsichtsmaßnahme, wie ein letzter listiger Schachzug aus: Wenn Esau durch die früheren Geschenke nicht besänftigt worden sein sollte, so wäre es dennoch gut, wenn er dem Rest von Jakobs Besitz einschließlich seiner Familie begegnete, bevor er auf Jakob selbst stieße.

Infolge seiner Sicherheitsmaßnahmen ist Jakob allein am Jabbok, gut geschützt hinter der Menge der Versöhnungsgeschenke, hinter allem, was ihm gehört. *Da* wird er angegriffen. Seine kluge Vorsicht hat lediglich dazu gedient, ihn besitzlos und einsam hinzustellen – vor Gott. Es sieht so aus, als ob er mit all seiner Besorgnis in Wirklichkeit einem ganz anderen Plan in die Hände gespielt hätte.

Dass Gott hinter dem Angriff steht, weiß er nicht von vornherein; das stimmt wie gesagt überhaupt nicht mit seinem Gottesbild überein. Aber „jemand" versperrt den Weg, etwas Unerwartetes, Unbekanntes, Unbegreifliches. Trotzdem sagt er während des Ringkampfes zu dem Angreifer: „Ich lasse dich nicht, du segnest mich denn." Das ist viel-

---

1 Vgl. (auch zum Folgenden) Spieckermann, Der Gotteskampf, 28–32.

leicht nicht Ausdruck frommer Zuversicht, eher von Verzweiflung. Ist er, was er besitzt, so ist er jetzt überhaupt niemand. Er hat nicht einmal seinen Stab in der Hand. Er hat jetzt nichts anderes, woran er sich halten kann, als den, der ihn angreift und ihm den Weg versperrt. Jetzt ergreift er seine letzte Chance: „‚Ich lasse dich nicht . . .‘ „Dieser Griff nach Gott und seiner Segenskraft ist so elementar, dass er noch jenseits dessen steht, was wir unter Frömmigkeit oder Gottlosigkeit verstehen."[2]

Als das Ringen zu Ende ist, ist Jakob tatsächlich gesegnet worden. Er hat aber auch einen bleibenden Schaden von dem Kampf davongetragen: Er hinkt.

Noch ein weiteres in diesem Zusammenhang interessantes Resultat hat der Kampf gehabt. Der Erzvater muss seinen Namen nennen: „Jakob." Der ist schon im Vorhinein als „Betrüger" gedeutet worden (Gen 27,36), nicht so ehrenwert. Und der Name sagt etwas aus über seinen Träger, das meint man durchweg im Alten Testament. Durch seinen Namen wird Jakob auch in einem tieferen Sinn gezwungen, zu sagen, wer er ist. Er wird gezwungen, sich selbst, sein Wesen, bloßzustellen.[3] Aber da antwortet Gott: „Du sollst nicht mehr Jakob heißen, sondern Israel; denn du hast mit Gott und mit Menschen gekämpft und hast gewonnen."[4] Gott gibt ihm einen anderen Namen, er will sich seiner erinnern, aber nicht als des Betrügers, sondern als des Gotteskämpfers: Israel.

Neben vielem anderen bedeutet dies, dass die Erzählung vom Ringkampf am Jabbok im Klartext sagt, was für die

---

2 von Rad, Das erste Buch Mose, 280.
3 von Rad, 281.
4 Der Name „Israel" ist aus *el* = „Gott" und einem Verbum zusammengesetzt, entweder *sará* = „kämpfen", „streiten" (so wird der Name in Gen 32,29 und Hos 12,4 gedeutet, den einzigen Belegen für dieses Verbum), oder, wahrscheinlicher, *sará* = *sarár* = „herrschen". Wahrscheinlich hat „Israel" ursprünglich bedeutet „Gott herrscht", mit Gott nicht als Objekt, sondern als Subjekt zu dem Verbum, was in theophoren Namen das Normale ist (Zobel, ישראל (Israel) ThWAT III, 988–990). Aber hier bekommt der Name eine andere Deutung: „Gotteskämpfer", einer, der mit Gott kämpft.

Patriarchenerzählungen generell gilt: Jakob ist Israel. Die Erzählungen sind Stammessagen; der Stammvater verkörpert das ganze Volk, seine Geschicke nehmen die der Nachkommen vorweg, „sein Leben ist nicht etwas Abgeschlossenes oder Vergangenes, sondern setzt sich in neuen Generationen fort."[5] Wenn das Volk Israel von Jakob erzählt, so erzählt es zugleich von sich selbst, vom Volk Gottes und von denen, die zum Volk gehören, von jedem Hörer.

Für einen modernen abendländischen Menschen, der gewohnt ist zwischen Individuum und Kollektiv eine scharfe Grenzlinie zu ziehen, ist es nicht immer leicht, die Denkweise und die Wirklichkeitswahrnehmung in einer Darstellung richtig in den Blick zu bekommen, in der eben diese Grenzlinie eigentümlich unklar ist und in der eine Gestalt einmal ein einzelner Mensch ist, ein anderes Mal für eine ganze Gruppe steht und deren Geschicke verkörpert. Manchmal ist es völlig klar, dass die Personen in einer Erzählung ganze Völker oder Stämme repräsentieren,[6]

zum Beispiel wenn Rebekka vor der Geburt Esaus und Jakobs zu hören bekommt: „Zwei Völker sind in deinem Leib" (Gen 25,23) – oder wenn Jakob am Jabbok den Namen Israel bekommt.

Von der Absicht, der ursprünglichen Absicht einer Erzählung zu sprechen, mag abenteuerlich sein, wenn es sich um einen Text mit so dunklem Ursprung handelt. Es gibt vielerorts Volkssagen von Menschen, die nachts von unbekannten Wesen angegriffen werden, Dämonen, die verschwinden, wenn der Tag anbricht, und bei denen es dem angegriffenen Menschen gelingt, ihnen etwas von deren geheimnisvoller Kraft abzuzwingen.[7] Es ist sehr wohl möglich, dass solche Vorstellungen im Hintergrund der Erzählung vom Ringkampf am Jabbok stehen. Der Angreifer „sah, dass er ihn nicht übermochte" (V. 26), und sagt daraufhin: „Lass mich gehen, denn die Morgenröte bricht an!" (V. 27). Das wäre

---

5 Deutsch nach: Albrektson 31.
6 Deutsch nach: Albrektson, ebd.
7 Gunkel, 364, hat eine Anzahl von Beispielen gesammelt.

gar nicht so sonderbar, wenn es um einen nächtlichen Dämon ginge: dass er mit dem Menschen, den er angefallen hat, nicht fertig wird und dass er das Feld räumen muss, ehe die Sonne aufgeht. Im Blick auf Israels Gott ist es aber eine merkwürdige Behauptung. Ebenso merkwürdig ist eigentlich Jakobs wenig ehrfurchtsvolle Antwort: „Ich lasse dich nicht, du segnest mich denn" – wenn man sich nicht so daran gewöhnt hätte.

Es ist und bleibt merkwürdig, dass israelitische Erzähler einen solchen Stoff aufgegriffen haben, ohne dessen „unpassende" Züge zu streichen, und dass sie ihn als brauchbar angesehen haben, um eine Begegnung zwischen Israels Gott und Israels Stammvater zu schildern. Doch das haben sie nun einmal getan. Ihre Absichten sind es, die hier als das Ursprüngliche angesehen werden, die Absichten der Erzähler, so wie sie uns in dem Text in seiner israelitischen Gestalt und im jetzigen Zusammenhang entgegentreten.[8]

Zumindest eine Einschränkung ist jedoch hinsichtlich der Frage zu machen, was mit dem „jetzigen Zusammenhang" des Textes gemeint ist: Es gibt bei der Auslegung von Gen 32 gute Gründe, von den Beiträgen zu den Patriarchenerzählungen abzusehen, die von der Priesterschrift stammen, und sich an den vorpriesterschriftlichen Zusammenhang zu halten (wie ich es im Vorangehenden getan habe). Denn P gibt in Gen 28,1–9 ein ganz anderes und viel schöneres Bild von Jakob und von dem Grund, aus dem er zu Laban reist, als die älteren Erzählungen von Jakob und Esau in 25,19–34 und Kapitel 27. Nach P reist Jakob nicht auf Grund einiger Betrügereien, sondern in bestem Einvernehmen, als gehorsamer Sohn seines Vaters und mit dessen aus freien Stücken und bewusst erteiltem Segen. Isaak und Rebekka wollen, dass er eine Frau aus seiner eigenen Verwandtschaft finden, nicht zu Hause bleiben und eine kanaanäische Frau heiraten soll. Das nimmt den folgenden Erzählungen vom Traum in Bethel (28,10–22) und vom Kampf am Jabbok ein gut Teil ihrer Pointe. Dass Gott einen offenkundigen Sünder, einen

---

8 Vgl. Rogerson 141 f.

Betrüger erwählt, will P nicht unwidersprochen stehen lassen.

Sowohl mit religiösen als auch mit literaturwissenschaftlich orientierten Argumenten beschuldigt man zuweilen die historisch-kritische Exegese, die Bibeltexte dadurch ihres Sinnes und ihrer Relevanz zu berauben, dass man sie nicht stets aus dem jetzigen, endgültigen Zusammenhang in der Bibel heraus interpretiert, sondern die Texte „zerstückelt". Hier verhält es sich offenbar umgekehrt, und das ist nicht ungewöhnlich: dass man nämlich die Texte ihrer Pointen berauben würde, wenn man sie bloß aus dem endgültigen Zusammenhang heraus interpretierte. Sekundäre Varianten und Zusätze sind oft hinzugekommen, um ältere, auf die eine oder andere Weise „unbequeme" Erzählungen zu neutralisieren. Dies festzustellen, bedeutet keine generelle Abwertung der Priesterschrift. Diese hat ihre eigene Bedeutung; wenige Bibelleser möchten zum Beispiel auf Gen 1 verzichten, und das christliche Glaubensbekenntnis hat seine Struktur, mit dem Artikel von der Schöpfung vor den Artikeln von der Erlösung, von P, der zuerst von Gottes Bund mit Noah, d. h. mit der ganzen Menschheit erzählt (Gen 9), bevor man zu Gottes Bund mit Abraham, d. h. mit dem Gottesvolk gelangt (Gen 17). Weder von einem christlichen noch von einem historischen Standpunkt aus besteht jedoch Anlass, stets die jüngste Variante oder Retuschierung die Interpretation der Texte bestimmen zu lassen. Rechnet man auch das Neue Testament zu seiner Bibel, so dürfte es vielmehr näher liegen, von P's Bild von Jakob abzusehen, wenn man die Jabbokerzählung interpretiert.

Auch nach den Zusätzen aus P bleibt jedoch die Jabbokerzählung der Höhepunkt der ganzen Jakobsgeschichte.[9] Wie die Erzählung jetzt aussieht und wie sie jetzt als eine der Vätererzählungen in der Genesis untergebracht ist, ist sie keine Volkssage, sondern eine Erzählung vom Stammvater Jakob und seinem Gott. Sie will etwas über Israel und Israels Gott aussagen. Ebenso wie die Bethelerzählung in Gen 28

---

9 Vgl. Elliger 173.

steht sie an einem Wendepunkt der Jakobsgeschichte. Als Jakob sich auf der Flucht aus seinem Land befindet, allein und ehrlos, trifft der unerwartete Traum in Bethel ein. Als er wieder auf dem Heimweg ist, reich und stark, trifft der ebenso unerwartete Überfall am Jabbok ein.

In dieser Erzählung führt Israel seinen Namen und insofern auch seinen Ursprung und sein Wesen auf einen nächtlichen Kampf mit Gott zurück. In diesem Jakob, der all seines Reichtums entkleidet ist und nichts anderes hat, woran er sich halten kann, als den Gott, der ihm den Weg versperrt, in diesem Jakob, der sich an Gott klammert und dessen Segen begehrt, hat Israel für alle Zukunft sich wiedererkennen wollen. „Das dürfte die tiefste Gründungserzählung sein, die sich ein Volk je gegeben hat. Tief im Sinne von abgründig und nachdenklich."[10] In der Jabbokerzählung haben sich Erfahrungen von Generationen verdichtet. Und durch die Jabbokerzählung haben Erfahrungen neuer Generationen Gestalt gewonnen. Dunkle Erlebnisse konnten bearbeitet und als Erfahrungen von Gott gedeutet werden, von einem Gott, der den Weg versperrt – und segnet.

Das Gottesbild ist ein anderes als in den vorangehenden Jakobserzählungen. Es passt besser zu Stellen bei den Unheilspropheten:

> … darum vergaßen sie mich.
> Da wurde ich für sie wie ein Löwe,
> und wie ein Panther lauere ich jetzt am Wege.

(Hos 13,6–7)

> Weh denen, die den Tag des Herrn herbeiwünschen!
> Was soll euch der Tag des Herrn?
> Er ist Finsternis und nicht Licht.

(Am 5,18)

> Dennoch seid ihr nicht zu mir umgekehrt,
> spricht der Herr.
> Darum will ich so an dir handeln, Israel!

---

10 Spieckermann, Der Gotteskampf, 24.

Weil ich dir dies antun will,
so bereite dich, Israel, deinem Gott zu begegnen!

(Am 4,11–12)

Doch bei einer *solchen* Begegnung mit Gott ist Israel *gesegnet* worden, sagt Gen 32.[11]

> Dies Ereignis hatte nicht nur seinen Ort an einer bestimmten biographischen Stelle des Lebens Jakobs; es hat, so wie es jetzt erzählt ist, eine deutliche Transparenz zum Typischen hin, zu dem hin, was Israel je und je von Gott widerfahren ist. Israel hat hier fast prophetisch seine ganze Geschichte mit Gott als einen solchen Kampf bis zum Anbruch der Morgenröte dargestellt.[12]

Dagegen liegt es kaum in der ursprünglichen Absicht der Erzählung, dass jeder beliebige Mensch auf der Welt in sie eingehen und sie sich zu Eigen machen sollte. Sie spricht nicht, wie Gen 1–3, von *adam*, dem Menschen, von jedermann, sondern von Israel. Die gedachten Hörer sind Jakobs Nachkommen, das Volk Gottes.

Zu diesem Volk gehört auch Jesus. Inwieweit die Erzählung ihm in Gethsemane oder auf Golgatha lebendig vor Augen stand, davon sagt das Neue Testament nichts. Was es sagt, ist, dass die Jabbokerzählung „am ersten Tag der Woche, sehr früh, als die Sonne" dieses Mal „aufging" (Mk 16,2) ebenso wie alle Erzählungen des Alten Testaments ihren Charakter verändert hatte, unter anderem, insofern sie neue Adressaten bekommen hatte.

> Zu der Zeit sollen viele Völker sich zum Herrn wenden und sollen mein Volk sein.

(Sach 2,15)

Die Kirche begann, Heiden aller Art in das Volk Gottes hinein zu taufen. Die Bibeltexte, die von Israel sprechen, wurden dadurch für jedermann geöffnet. Die Erzählungen han-

---

11 Vgl. Hermisson 260.
12 von Rad, Das erste Buch Mose, 284.

deln von denen, die zuhören, denn wenn sie zuhören, so gehören sie zum Volk Gottes – und die Erzählungen gehören ihnen.

Manchmal wird man alles Reichtums, aller Frömmigkeit und aller Zuversicht entkleidet, wenn Gott schweigt und das Gegenteil dessen tut, worum man gebeten hat. Manchmal weiß man nicht, ob es Gott ist, mit dem man zu tun hat, oder Satan oder bloß ein sinnloses und unbegreifliches Dasein. „Wir werden am schlimmsten von unsichtbaren Händen gebogen und gequält" (Nietzsche).[13] Dann aber ist Gott ganz nah. Genau dort, in den finsteren Engpässen, kann es geschehen, dass Gott einen Menschen ergreift. Gerade dann, wenn die Freude und Zuversicht des Glaubens erloschen sind, kann es geschehen, dass man sich auf Gott statt auf seine Erfolge, seine Gefühle, seine Frömmigkeit zu verlassen beginnt. Dann kann es geschehen, dass man lernt, dass nichts anderes dem Glauben Halt gibt als Gottes Wort und Sakrament; dass es eine Sache ist, an seinen Glauben zu glauben, und eine andere, an Gott zu glauben.

Man kann vermuten, dass die Erzählung von der Furt am Jabbok ebenso wie die Schöpfungserzählungen *gegen* etwas erzählt worden sind, unter anderem vielleicht gegen eine Vorstellung, die sonst die Vätererzählungen in der Genesis bestimmt: dass Gottes Segen dasselbe sei wie äußeres Wohlergehen. Gesund und stark und erfolgreich, reichlich mit Frauen, Kindern und Dienstpersonal, Rindern und Kleinvieh versorgt steht der von Gott gesegnete Mann da. Das ist das übliche Bild. Die Jabbokerzählung weicht jedoch von diesem Muster ab. Sie zeigt ein anderes Bild, das sich jetzt auf der Netzhaut einprägen soll: Der einsame Mensch, der den Jabbok verlässt, als die Sonne aufgeht, bewegt sich nicht ungehindert fort, sondern hinkt – aber ist nichtsdestoweniger ein gesegneter Mensch. „Lass dir an meiner Gnade genügen." (2. Kor 12,9)

Dieses Bild sagt etwas anderes als die Vätererzählungen im Allgemeinen. Es sagt auch etwas anderes als Nietzsches

---

13 Zitiert nach von Rad, Predigten, 93.

und Jakobs und aller Menschen Erfahrung. Das Bild vermittelt eine Überzeugung, die dann auch zu Jakobs Erfahrung wurde – und aller Menschen Erfahrung werden kann: „Von guten Mächten wunderbar geborgen, erwarten wir getrost, was kommen mag."[14]

Damit ist die Jabbokerzählung nicht vollkommen geklärt und durchschaut[15] – ebenso wenig wie Gott. Dieses Letzte ist vielleicht nicht das Unwichtigste, das die Erzählung dem Hörer sagen will: Gott ist nicht begreiflich, Gott ist größer; und Gott ist näher.

---

14 Bonhoeffer 276.
15 Vgl. von Rad, Das erste Buch Mose, 283: Jeder Ausleger „wird [...] irgendwo in dieser Erzählung auch auf einen Rest des nicht mehr Deutbaren stoßen."

4 | Die Befreiung aus Ägypten

Das Bekenntnis zu dem Gott, der „Israel aus Ägypten geführt hat", ist ein „Urbekenntnis" Israels genannt worden.[1] Es taucht in verschiedenen Varianten in allen möglichen Zusammenhängen im Alten Testament auf und tritt durch die ganze Geschichte des Volkes hindurch als ein Hauptstück von Israels Glauben und Theologie hervor. Mit dem Verbum *alá* (im Hifil „heraufführen") wird die Betonung auf die Geografie gelegt, hinauf von Ägypten nach Kanaan, mit *jasá* (im Hifil „herausführen") auf die Befreiung, heraus aus der Sklaverei.[2] Es muss jedoch hinzugefügt werden, dass dieses Bekenntnis und überhaupt das Bekenntnis zu Gottes Geschichtstaten nicht das einzige Hauptstück gewesen ist, insbesondere nicht vor dem Exil, vor 587 v. Chr., in der Königszeit. Die offizielle Religion im Israel der Königszeit lernt man vor allem im Psalter und in dessen auf den Tempel und die Gegenwart des Herrn im Tempel konzentrierter Theologie kennen.[3]

Das Bekenntnis von der Befreiung aus Ägypten bezieht sich nicht auf das Menschenleben im Allgemeinen, das Leben jedes Menschen. Es erhebt eindeutig Anspruch darauf, auf ein einzelnes Ereignis in vergangener Zeit zu bauen, auf

---

1 Noth, Überlieferungsgeschichte, 52.
2 Mit *alá* steht das Bekenntnis 42mal, mit *jasá* 76mal. Vgl. weiter Jenni, יצא (hinausgehen), THAT 1, 760 f.; Wehmeier, עלה (hinaufgehen), THAT 2, 287–289.
3 Siehe bes. Spieckermann, Heilsgegenwart (der Titel steht in absichtlichem Gegensatz zu dem in der Exegese des früheren 20. Jahrhunderts dominierenden Begriff Heilsgeschichte).

etwas, das bestimmte Menschen bei einer bestimmten Gelegenheit erlebt haben. Aller Wahrscheinlichkeit nach ist dieser Anspruch berechtigt. Dass ein Volk sich seiner leuchtenden Vergangenheit rühmt, ist nicht ungewöhnlich. Aufsehen erregender ist es, im Zentrum seines Gottesglaubens ein Bekenntnis zu haben, das voraussetzt, dass „wir Sklaven in Ägypten gewesen sind", unter einer benachbarten und noch immer bedrohlichen Großmacht. „Es ist nicht wohl zu bezweifeln, dass diesem Bekenntnis, das einen so konkreten Inhalt hat, irgendein geschichtlicher Vorgang zu Grunde liegt."[4]

Neben dem Bekenntnis pflegt man Mirjams Lobgesang in Ex 15,21 als das älteste überlieferte Zeugnis des Geschehens anzusehen:

Singt dem Herrn,
denn er erhob sich hoch.
Ross und Wagenkämpfer
warf er ins Meer.

(Ex 15,21)

Das ist ein selbstständiger kleiner Hymnus, nach allen Regeln der Kunst aufgebaut (Ps 117 ist ein fast ebenso kurzes Beispiel); er hat seinen Ort wahrscheinlich im Tempelkult in Jerusalem gehabt, ebenso wie der jüngere und längere Hymnus Ex 15,1–18.[5] Der Anfang ist nichts Besonderes; alle Völker preisen die Erhabenheit und Macht ihres Gottes oder ihrer Götter. Aber die Fortsetzung ist etwas Eigenes und schwer von etwas anderem herzuleiten als von einem besonderen Ereignis: „Ross und Wagenkämpfer warf er ins Meer."

Ebenso wie das Bekenntnis und Mirjams Lobgesang handelt die lange Erzählung, die jetzt in Ex 1–14 steht, von der Befreiung aus Ägypten. Auch diese Erzählung schildert folglich in ihrem Kern einen einzelnen Geschehensablauf in vergangener Zeit.

Trotzdem betont die jüdische Passah-Haggada:

4 Noth, Geschichte, 98.
5 Siehe Spieckermann, Heilsgegenwart, 100–102.

Nicht unsere Väter nur hat der Heilige – gelobt sei er – erlöst, sondern auch uns mit ihnen.

Es ist nach der Haggada sogar die Schuldigkeit des Menschen in jeder neuen Generation,

sich so zu betrachten, als ob er gleichsam selbst aus Egypten gegangen wäre.[6]

Auf ähnliche Weise feiert man im schwedischen Kirchengesangbuch von 1695 Ostern:

Gekommen ist die Osterfreud:
wir loben Christ in's Himmels Höh;
aus reinem Herzen sing'n wir frei,
wir ging'n am roten Meer vorbei.

(162,1)

In der Passah-Haggada wird diese Aktualisierung der Exoduserzählung durch einen völlig berechtigten Hinweis auf das motiviert, was in den Bestimmungen über das Fest des ungesäuerten Brotes in Ex 13 steht:

An dem Tag sollst du zu deinem Sohn sagen: „Dies geschieht um dessentwillen, was der Herr *für mich* getan hat, als *ich* aus Ägypten auszog."

(Ex 13,8)

Von diesen und ähnlichen Ermahnungen hat die Passah-Haggada ihren Namen. Das Wort, das mit „sagen" übersetzt wird, ist *higgíd*, „erzählen", und daher kommt *haggadá*, „Erzählung", ein Wort, das in der jüdischen Tradition besonders auf die Erzählung schlechthin, die vom Auszug aus Ägypten, angewendet wird, auf die Passah-Haggada. Diese im Bibeltext selbst wiederkehrenden Aufforderungen zu erzählen, die Erzählung weiterzuführen, machen deutlich, dass die Erzählung dazu da ist, an stets neue Hörer weitergegeben zu werden, und dass sie auch von denen erzählen will, die

---

6 Haggada shel Pessach 29; vgl. auch 11.

jetzt, an diesem Passah zuhören. Sie will Weltbild und Gottesbild stets neuer Generationen des Gottesvolkes formen. Sie will Muster für die Gestaltung und Deutung von Erlebnissen als Gotteserfahrungen bereitstellen.

Das war die Funktion der Erzählung, lange bevor sie ihren gegenwärtigen Umfang erreicht hatte. Die Erzählung in Ex 1–14 ist über Jahrhunderte hinweg gewachsen. Das ursprüngliche Geschehen pflegt man auf die Zeit des Pharao Ramses II. im 13. Jahrhundert zu datieren, aber bedeutende Einfügungen in der Erzählung stammen von P, d. h. aus dem 6. oder 5. Jahrhundert v. Chr. Das betrifft unter anderem 6,2–7,13 (eine andere Version von der Berufung des Mose als in Kap. 3–4), 12,1–20.28 (Bestimmungen über die Passahfeier) und eine der beiden ineinander verwobenen Versionen der Rettung am Meer in Ex 14.

Dass Teile von Ex 1–14 so viele Jahrhunderte jünger sind als das Geschehen, das sie schildern, und auch jünger als die älteste Erzählung, bedeutet, dass viele Generationen die Erzählung zu der ihren gemacht, sie auf mancherlei Weise ausgebaut, „Leerstellen" ausgefüllt haben, wie man sagen könnte. Sie haben der Erzählung ihren Stempel aufgedrückt mit ihren Erfahrungen – und ihrer Sehnsucht nach – der Rettung aus Unterdrückung und Lebensgefahr, die der ursprünglichen Exodus-Erfahrung glichen (Ex 14–15), aber auch mit Erfahrungen der unbegreiflichen Passivität und des Schweigens Gottes – in christlicher Sprache: Karfreitagserfahrungen (Ex 5). Darüber hinaus hat die klassische Waffe der Unterdrückten gegen die Machthaber, der Spott, seine Spur in den mit der Zeit immer mehr ausgeschmückten Erzählungen von den Plagen Ägyptens in Ex 7–10 hinterlassen, mit Fröschen sogar im Bett des Pharao (Ex 8,3) und anderen Einzelheiten. „Die Erfahrung formt die Erzählung und trägt sich in vielen Stadien in sie ein, aber dann formt die Erzählung auch wieder die Erfahrung, und das durch viele Generationen."[7]

---

7 Smend 109; das Zitat bezieht sich generell auf alttestamentliche Erzählungen.

Die erste Konfrontation mit der Macht, Moses erste Verhandlung mit dem Pharao, wird in Ex 5 geschildert und mündet darin, modern ausgedrückt, dass sich das Theodizeeproblem in seiner ganzen Schärfe stellt.

In Gang gesetzt wurde der ganze Geschehensverlauf von Anfang an dadurch, dass Gott den Klageruf der Israeliten über ihre Sklaventreiber gehört hat (Ex 3,7), den Schmerzensruf geplagter Menschen.[8] Ganz wie ein normal veranlagter Mensch reagiert Israels Gott auf solche Rufe, er tut Mose seine Absicht kund, einzugreifen, und schickt ihn zum Pharao, wo er verlangen soll, dass das Volk freigelassen wird (Ex 3–4).

Mose erfüllt seinen Auftrag (Ex 5). Er und Aaron gehen zum Pharao mit dem Bescheid: „So spricht der Herr, der Gott Israels: Lass mein Volk ziehen, dass es mir ein Fest halte in der Wüste." – „Wer ist der Herr, dass ich ihm gehorchen müsse und Israel ziehen lasse?", antwortet der Pharao und wirft Mose und Aaron hinaus. Im Gegenteil hat die Forderung des Mose zur Folge, dass die Unterdrückung sich verschärft. Am gleichen Tag geht die Order des Pharao an die Sklaventreiber aus: Teilt nicht mehr Häcksel aus an die Israeliten, wenn sie Ziegel machen sollen. „Sie sollen selbst Häcksel heranschaffen" – aber genauso viele Ziegel abliefern wie zuvor. Das schaffen sie natürlich nicht. Da werden ihre „Aufseher", die Israeliten, die von den Ägyptern zur Bewachung ihrer eigenen Leute eingesetzt wurden (eine bewährte Methode in allen Unterdrückungsregimes), verprügelt. Sie beklagen sich beim Pharao, werden jedoch abgewiesen. „Faulpelze, das seid ihr!" „Da sahen die Aufseher der Israeliten, dass es mit ihnen übel stand" (Ex 5,19). Als sie Mose und Aaron treffen, die dieses neue Elend verursacht hatten, indem sie bei Pharao verlangten, das Volk solle freigelassen werden, wünschen sie ihnen alles Böse: „Möge der Herr euch strafen!" Sie glauben, dass es die Schuld Moses und Aarons sei. Aber Mose weiß es besser. Gott ist schuld auf Grund seines Auftrags an Mose, und jetzt wendet sich

---

8 Vgl. Albertz, צעק (schreien), THAT 2, 574.

Mose an ihn. In dieser letzten Konfrontation kulminiert das auf lauter dramatische Konfrontationen aufgebaute Kapitel:

> Herr, warum tust du so übel an diesem Volk? Warum hast du mich hergesandt? Denn seitdem ich hingegangen bin zum Pharao, um mit ihm zu reden in deinem Namen, hat er das Volk noch härter geplagt, und du hast dein Volk nicht errettet.

> *(Ex 5,22–23)*

Jetzt ist ein ganzes Knäuel von Konflikten in die Erzählung hinein verwickelt: zwischen dem Pharao und dem hinausgeworfenen Mose, zwischen dem Volk und den verprügelten Aufsehern, zwischen den Aufsehern und dem Pharao, zwischen den Aufsehern und Mose und zwischen Mose und Gott; Konflikte, die erst am Schluss von Ex 14 zur Ruhe kommen: „So errettete der Herr an jenem Tage Israel aus der Ägypter Hand", und da glaubte Israel „ihm und seinem Knecht Mose" (14,30–31). Schon in Ex 5 bekommen die Hauptpersonen des Dramas klare Konturen: der verstockte Pharao, die geplagten und klagenden Israeliten, der angeklagte Mose und der unergründliche Jahwe, Israels Gott, der nichts tut, über den nicht einmal Mose verfügt. Mose hat Gottes Auftrag erfüllt. Gott aber hat sein Wort nicht gehalten. Im Gegenteil ergeht es dem Volk jetzt noch schlechter.

Das Problem, das damit auf die Spitze getrieben wird, das Missverhältnis zwischen Gottes Verheißungen und der faktischen Wirklichkeit, eine Form des Theodizeeproblems, beschränkt sich nicht auf eine einzelne Situation der Vergangenheit. Es steht für etwas, das Gottes Volk wieder und wieder hat erfahren müssen; nach dem Untergang des Reiches Juda 587 v. Chr. wurde das Problem im Grunde permanent: „Warum tust du so übel an diesem Volk?"

Der Ernst des Problems wird in Ex 5 dadurch unterstrichen, dass es nicht das Volk ist, das Gott anklagt, sondern Mose. Gottes erwählter Bote klagt über das Schicksal des Volkes und darüber hinaus über seinen eigenen sinnlosen Auftrag, seine unmögliche Stellung zwischen einem klagenden Volk und einem untätigen Gott: „Warum hast du mich hergesandt?" Man kann Gottes auserwähltem Knecht ins

Herz sehen, und was man da sieht, ist Angst, Ratlosigkeit und Klage. Das kehrt wieder bei den Propheten, besonders in den Konfessionen Jeremias,[9] dass der Knecht des Herrn sich vor eine Aufgabe gestellt sieht, die einerseits übermächtig, andererseits unentrinnbar ist, weil sie von Gott gegeben ist.

> Warum muss ich ständig geplagt werden,
> warum ist meine Wunde so tief,
> dass sie sich nicht heilen lässt?
> Du bist mir geworden wie ein versiegender Bach,
> der nicht verlässlich Wasser führt.
>
> *(Jer 15,18)*

In Ex 5 (und in Num 11) wird die Klage Mose in den Mund gelegt. Die Klage des Dieners Gottes ist in den Pentateuch eingefügt, in die „kanonische", für alle Zeit bestimmende Mosezeit. Schon der erste von Gottes Sendboten an Israel musste dies erfahren: Gottes Verborgenheit selbst vor seinem Auserwählten. Gottes Antwort an Mose ist bemerkenswert. Es ist hier dieselbe Art von Antwort wie in Num 11:

> Nun sollst du sehen, was ich dem Pharao antun werde; denn durch eine starke Hand gezwungen, muss er sie ziehen lassen, ja, er muss sie, durch eine starke Hand gezwungen, aus seinem Lande treiben.
>
> *(Ex 6,1)*

Darin steckt kein Erklärungsversuch, nichts davon, dass das Leiden eine Erziehungsmaßnahme, eine Prüfung oder eine Strafe für Sünden wäre (wie an anderen Stellen des Alten Testaments); nach Ex 5 haben weder Mose noch Israel gesündigt. Die Anklage des Mose wird mit nichts anderem als mit einer Verheißung beantwortet: „Nun sollst du sehen . . ."

Ob das Problem durch diese Antwort „gelöst" wird, hängt davon ab, was man von einer „Lösung" erwartet. Jedenfalls kann man sagen, dass die Antwort für Israels Gott charakteristisch ist. Sie kehrt im Neuen Testament wieder: Wenn

---

9 Jer 11,18–23; 12,1–6; 15,10–21; 17,14–18; 18,19–23; 20,7–18.

alles zu Bruch geht, wenn Angst und Ratlosigkeit sich ausbreiten, „seht auf und erhebt eure Häupter, weil sich eure Erlösung naht" (Lk 21,28). Und es kehrt in gegenwärtiger, biblisch begründeter Reflexion über das Theodizeeproblem wieder: „Wie Gott unser Leben trägt, so ist er an der Grenze des Lebens im Tod. Im Tod, der droht, unser Leben sinnlos und hoffnungslos zu machen, ist Gott – nicht mit einer Erklärung, weshalb er das Leben mit dem Tod verbunden hat, sondern mit seiner Macht der Auferstehung. Wie er Macht hat, aus nichts zu schaffen, so hat er Macht, von den Toten zu erwecken, wenn es nur sein Wille ist, wenn er nur gesonnen ist, es zu tun. Das Evangelium aber ist die Botschaft, dass er es ist."[10]

Der Pharao hat das Begehren des Mose mit der Sprache der Macht beantwortet: mit verstärkter Unterdrückung. „Jahwe wird jetzt demonstrieren, was wirkliche Macht ist."[11] Jetzt folgen (nach P's Version der Berufung des Mose, Ex 6,2–7,13, einer Parallele zu Ex 3–4[12]) all die Erzählungen von den Plagen Ägyptens. Hier finden sich spöttische Zwischenbemerkungen über die Macht, aber nicht nur so etwas, besonders nicht am Schluss, bei der letzten Plage, dem Tod der Erstgeborenen. Da ist die Erzählung todernst. Gleichzeitig feiern die Israeliten Passah. Mitten in Ägypten, von Feinden umgeben, feiern sie ihre Befreiung, bevor sie überhaupt stattgefunden hat, bereit zum Aufbruch, „an den Hüften gegürtet, mit Schuhen an den Füßen und dem Stab in der Hand. Esst in Eile. Dies ist das Passah des Herrn." (Ex 12,11) Danach geht die Erzählung rasch ihrem Höhepunkt zu.

Nach der letzten Plage, dem Tod der Erstgeborenen, werden die Israeliten aus Ägypten hinausgetrieben. Sie wandern in östlicher Richtung auf die Wüste zu, entdecken aber plötzlich, dass sie verfolgt werden (Ex 14,10). Das Volk erhob den Blick, „und siehe: die Ägypter verfolgen sie!", *wehinné misrájim noséa acharehém.*

---

10 Deutsch nach: Løgstrup, Tanken om skabelse, 65.
11 Deutsch nach: Childs 107.
12 In P folgte 6,2 unmittelbar auf 2,23–25.

(1) Der Herr redete mit Mose und sprach: (2) Rede zu den Israeliten und sprich, dass sie umkehren und sich lagern bei Pi-Hahirot zwischen Migdol und dem Meer, vor Baal-Zefon; diesem gegenüber sollt ihr euch lagern. (3) Der Pharao aber wird sagen von den Israeliten: Sie haben sich verirrt im Lande; die Wüste hat sie eingeschlossen. (4) Und ich will sein Herz verstocken, dass er ihnen nachjage, und will meine Herrlichkeit erweisen an dem Pharao und aller seiner Macht, und die Ägypter sollen innewerden, dass ich der Herr bin. Und sie taten so.

(5) Als es dem König von Ägypten angesagt wurde, dass das Volk geflohen war, wurde sein Herz verwandelt und das Herz seiner Großen gegen das Volk und sie sprachen: Warum haben wir das getan und haben Israel ziehen lassen, so dass sie uns nicht mehr dienen? (6) Und er spannte seinen Wagen an und nahm sein Volk mit sich (7) und nahm sechshundert auserlesene Wagen und was sonst an Wagen in Ägypten war mit Kämpfern auf jedem Wagen. (8) Und der Herr verstockte das Herz des Pharao, des Königs von Ägypten, dass er den Israeliten nachjagte. Aber die Israeliten waren unter der Macht einer starken Hand ausgezogen. (9) Und die Ägypter jagten ihnen nach mit Rossen, Wagen und ihren Männern und mit dem ganzen Heer des Pharao und holten sie ein, als sie sich gelagert hatten am Meer bei Pi-Hahirot vor Baal-Zefon. (10) Und als der Pharao nahe herankam, hoben die Israeliten ihre Augen auf, und siehe, die Ägypter zogen hinter ihnen her. Und sie fürchteten sich sehr und schrieen zu dem Herrn (11) und sprachen zu Mose: Waren nicht Gräber in Ägypten, dass du uns wegführen musstest, damit wir in der Wüste sterben? Warum hast du uns das angetan, dass du uns aus Ägypten geführt hast? (12) Haben wir's dir nicht schon in Ägypten gesagt: Lass uns in Ruhe; wir wollen den Ägyptern dienen? Es wäre besser für uns, den Ägyptern zu dienen, als in der Wüste zu sterben! (13) Da sprach Mose zum Volk: Fürchtet euch nicht! Steht fest und seht zu, was für ein Heil der Herr heute an euch tun wird. Denn wie ihr die Ägypter heute seht, werdet ihr sie niemals wiedersehen. (14) Der Herr wird für euch streiten, und ihr werdet stille sein.

(15) Und der Herr sprach zu Mose: Was schreist du zu mir? Sage den Israeliten, dass sie weiterziehen. (16) Du aber hebe deinen Stab auf und recke deine Hand über das Meer und teile es mitten durch, so dass die Israeliten auf dem Trockenen mitten durch das Meer gehen. (17) Siehe, ich will das Herz der

Ägypter verstocken, dass sie hinter euch herziehen, und will meine Herrlichkeit erweisen an dem Pharao und aller seiner Macht, an seinen Wagen und Männern. (18) Und die Ägypter sollen innewerden, dass ich der Herr bin, wenn ich meine Herrlichkeit erweise an dem Pharao und an seinen Wagen und Männern.

(19) Da erhob sich der Engel Gottes, der vor dem Heer Israels herzog, und stellte sich hinter sie. Und die Wolkensäule vor ihnen erhob sich und trat hinter sie (20) und kam zwischen das Heer der Ägypter und das Heer Israels. Und dort war die Wolke finster und hier erleuchtete sie die Nacht, und so kamen die Heere die ganze Nacht einander nicht näher.

(21) Als nun Mose seine Hand über das Meer reckte, ließ es der Herr zurückweichen durch einen starken Ostwind die ganze Nacht und machte das Meer trocken und die Wasser teilten sich. (22) Und die Israeliten gingen hinein mitten ins Meer auf dem Trockenen, und das Wasser war ihnen eine Mauer zur Rechten und zur Linken. (23) Und die Ägypter folgten und zogen hinein ihnen nach, alle Rosse des Pharao, seine Wagen und Männer, mitten ins Meer. (24) Als nun die Zeit der Morgenwache kam, schaute der Herr auf das Heer der Ägypter aus der Feuersäule und der Wolke und brachte einen Schrecken über ihr Heer (25) und hemmte die Räder ihrer Wagen und machte, dass sie nur schwer vorwärts kamen. Da sprachen die Ägypter: „Lasst uns fliehen vor Israel; der Herr streitet für sie wider Ägypten."

(26) Aber der Herr sprach zu Mose: Recke deine Hand aus über das Meer, dass das Wasser wiederkomme und herfalle über die Ägypter, über ihre Wagen und Männer. (27) Da reckte Mose seine Hand aus über das Meer, und das Meer kam gegen Morgen wieder in sein Bett, und die Ägypter flohen ihm entgegen. So stürzte der Herr sie mitten ins Meer. (28) Und das Wasser kam wieder und bedeckte Wagen und Männer, das ganze Heer des Pharao, das ihnen nachgefolgt war ins Meer, so dass nicht einer von ihnen übrig blieb. (29) Aber die Israeliten gingen trocken mitten durchs Meer, und das Wasser war ihnen eine Mauer zur Rechten und zur Linken. (30) So errettete der Herr an jenem Tage Israel aus der Ägypter Hand. Und sie sahen die Ägypter tot am Ufer des Meeres liegen. (31) So sah Israel die mächtige Hand, mit der der Herr an den Ägyptern gehandelt hatte. Und das Volk fürchtete den Herrn und sie glaubten ihm und seinem Knecht Mose.

(Ex 14)

Das Volk klagt Mose von Neuem an, aber dieses Mal ist er glaubensstark: „Steht fest und seht zu, was für ein Heil der Herr heute an euch tun wird". Jetzt werdet ihr „das Heil des Herrn" zu sehen bekommen (Ex 14,13). Alles hatte damit begonnen, dass der Herr die Plage, *oní*, seines Volkes sah und sein Rufen vernahm (Ex 3,7) – daraufhin wird das Volk jetzt die „Rettung", *jeschuá*, des Herrn sehen.[13] Aber das Einzige, was das Volk zunächst sieht, ist, dass es eine feindliche Truppe hinter sich und ein Meer vor sich hat. Das kann man wahrlich eine Bedrängnis nennen. Das ist der Kern der Erfahrung von Angst, *angustia*: Jetzt sind alle Türen verschlossen, jetzt gibt es keinen Ausweg. – In diesem Augenblick greift Gott ein.

Für die merkwürdige Begebenheit, die hier geschildert wird, gibt es möglicherweise eine natürliche Erklärung, so wie der Verlauf in der ältesten Schicht von Ex 14 geschildert wird.[14] „Ein starker Ostwind", der normalerweise Hitze und Trockenheit aus der Wüste mit sich führt, bläst die ganze Nacht hindurch und treibt das Wasser fort (V. 21), aber „beim Morgengrauen kam das Wasser zurück", so dass die Ägypter umkommen (V. 27). „Aber es müßte denn schon ein sehr heftiger *Scirocco* und ein sehr seichtes Wasser gewesen sein; auch ist nicht recht einzusehen, wie die ägyptische Streitmacht darin zugrunde gehen konnte."[15]

Schon in ihrer ältesten Form wollte die Erzählung sagen, dass es Israels Gott ist, der hinter dem Geschehenen steht. Es war der Herr, der „das Meer mit einem starken Ostwind fort trieb", es war der Herr, der die Ägypter mit Panik schlug (V. 24),[16] so dass sie direkt ins Meer hinein flohen. Der Herr befreit sein Volk von dessen Feinden. Das ist die Pointe, so ist Israels Gott, und es ist nur zu natürlich, dass diese theo-

---

13 Die Ausdrücke sind aus dem Psalter vertraut (z. B. 31,8 bzw. 98,3); vgl. Levin, Der Jahwist, 341.
14 V. 5a.6.10b.13–14.19b–20.21 (ohne den ersten und den letzten Satzteil), 24.25b.27 (ohne den ersten Satzteil).30; vgl. Noth, Das zweite Buch Mose, 80–95; Childs 220; Levin, Der Jahwist, 76 f.341–346.
15 Donner 110.
16 Vgl. z. B. Jos 10,10; Ri 4,15; 1. Sam 7,10.

logische Seite der Sache Psalmisten und Erzähler angeregt hat, weiter zu denken, zu dichten und zu erzählen.

Das Geschehen ist generalisiert worden. In dem Lobpsalm Ex 15,1–18 wird es als Kampf von kosmischen Dimensionen geschildert. Der Widersacher ist die ganze ägyptische Armee, „Pharaos Wagen, sein ganzes Heer" (V. 4),[17] aber im Grunde etwas noch Größeres, denn man geht schnell zu generelleren Ausdrücken über: „der Feind" (V. 6.9), „die Widersacher" (V. 7). Wer den Psalm singt, soll an alle Feinde Israels denken, an „den Feind" im Allgemeinen, den der Herr besiegt. Und das Wasser ist nicht ein kleiner See oder Meerbusen, der da trockengelegt wird, sondern es ist das Chaoswasser, das Sinnbild für alles, was Gott widerstrebt:

> Vor deinem Atem türmte das Wasser sich auf,
> die Wogen standen wie ein Wall,
> die Fluten erstarrten mitten im Meer.

(Ex 15,8)

„Fluten" steht für das hebräische *tehomót* (Singular *tehóm*), Urflut, die „Tiefe" in Gen 1,2; das „Meer" heißt *jam*, ebenso wie im Ugaritischen, wo Jam indessen auch der Name eines Gottes ist, einer bösen Macht, den der Gott Baal besiegen muss, bevor er in seinem neu erbauten Palast, seinem Tempel zum König proklamiert wird.[18] Auf dasselbe Ziel steuert Ex 15,1–18 hin, „zu deinem Heiligtum, Herr, das deine Hand bereitet hat" (V. 17), und zu der Proklamation, dass der Herr die Macht hat und niemand sonst:

> Der Herr ist König,
> immer und ewig.

(Ex 15,17)

Die Psalmdichter Israels haben sich nicht gescheut, den Herrn mit den gleichen Worten zu preisen, mit denen die Nachbarvölker Baal priesen. Das erwies die Entdeckung der

---

17 Wie es auch in Ex 14 geworden ist (V. 4.7.9.17).
18 TUAT III, 1118–1134

ugaritischen Bibliothek bei Ras Schamra seit 1929. Die israelitischen Psalmisten sind durchweg weitherzig gegenüber der kananäischen Religion, insbesondere im Vergleich mit ihrem Gegenpol innerhalb des Alten Testaments, den Deuteronomisten, die hinter dem Gesetzbuch Deuteronomium und dem Geschichtswerk Josua bis 2. Königsbuch stehen.[19]

Die ganze Beschreibung der Rettung der Israeliten am Meer in Ex 15,1–18 ist stark von kanaanäischer Mythologie gefärbt, so wie diese in dem ugaritischen Mythos von Baals Sieg über Jam erscheint.[20] In Ex 15 ist es Israels Gott, der Jam, das Meer, beherrscht. Zugleich ist das Meer vom Hauptwidersacher zu einem Werkzeug in der Hand des Herrn zur Vernichtung der Feinde degradiert worden:

Du bliesest mit deinem Wind,
und das Meer bedeckte sie,
sie sanken wie Blei
in mächtigen Wassern.

(Ex 15,10)

Dieser letzte Zug ist spezifisch israelitisch. Er stammt nicht aus dem Mythos, sondern aus dem Exodusereignis.[21] Gott „zwingt den Schaden selbst, zum Nutzen dir zu dienen" (Das schwedische Kirchengesangbuch 247,5).

Die mythologische Sprache dient dazu, das Geschehen zu generalisieren, es als zeitlos charakteristisch für die Art hinzustellen, wie Israels Gott sein Volk rettet. In Ex 15 ist es der Baalmythos, der mit seiner Sprache und seinem Vorstellungsgewand dazu beigetragen hat. In anderen Psalmen ist es der verwandte Chaoskampfes- und Schöpfungsmythos von dem Sieg des Schöpfergottes über das Wasser, das Urmeer (Baal hingegen ist kein Schöpfergott). Dieser Mythos ist vor allem aus dem babylonischen Schöpfungsepos Enuma

---

19 Das betont Spieckermann in seiner Monographie Heilsgegenwart. Eine Theologie der Psalmen.
20 Siehe Spieckermann, Heilsgegenwart, 107–115.
21 Spieckermann, Heilsgegenwart, 111.

elisch bekannt.[22] Aber er hat auch im Psalter Spuren hinterlassen (mehr als in Gen 1).

> Die Erde hat er gestellt auf festen Grund,
> sie wird auf immer und ewig nicht wanken.
> Die Urflut bedeckte sie wie ein Kleid,
> die Wasser standen hoch über den Bergen.
> Vor deinem Schelten flohen sie,
> vor deinem Donner fuhren sie dahin,
> stiegen die Berge hinauf,
> fuhren in die Täler,
> zum Ort, den du ihnen gegründet hast.
> Eine Grenze hast du gesetzt,
> damit sie nie wieder die Erde bedecken.

> *(104,5–9)*

> Du herrschest über das ungestüme Meer
> du stillest seine Wellen, wenn sie sich erheben.
> Du hast Rahab zermalmt und erschlagen
> und deine Feinde zerstreut mit deinem starken Arm.
> Dein ist der Himmel und dein ist die Erde,
> du hast den Erdkreis gegründet und was darinnen ist.

> *(89,10–12)*

Da geht es um die Schöpfung der Welt, das ist klar. Ebenso
klar aber ist, dass man in anderen Psalmen auf ähnliche Weise von der Befreiung aus Ägypten spricht:

> Er schalt das Schilfmeer, da wurde es trocken,
> er führte sie durch die Tiefen wie durch eine Wüste.

> *(106,9)*

> Er spaltete das Meer und führte sie hindurch,
> er ließ das Wasser stehen wie einen Wall.

> *(78,13)*[23]

Richtiger: Man spricht von beidem zugleich. In Ps 74,12–17
ist es so schwer zu entscheiden, ob es um den Chaoskampf
oder um die Befreiung aus Ägypten geht, um die Schöpfung

---

22 TUAT III, 569–602.
23 Vgl. Ps 77,12–21; 114,3.5; 136,13–15; Jes 51,9 f.; 63,12 f.

oder die Erlösung, dass man ahnt: Die Frage ist falsch gestellt. Es handelt sich um beides zugleich und auf zeitlose Weise. Gott hat besiegt, besiegt und wird besiegen alle Feinde, alles, was das Leben bedroht.

Die Art und Weise, wie die Psalmen von der Befreiung als von Chaoskampf und Schöpfung reden, von der Erlösung als von einer neuen Schöpfung, vom Meer, das gespalten wurde, und vom Wasser, das wie ein Wall stand (Ex 15,8; Ps 78,13), ist mit der Zeit auch in die Prosaerzählung in Ex 14 eingedrungen, in P's Version.[24] Mose bekommt Gottes Auftrag, mit seiner Hand das Meer zu „spalten" (V. 16 und 21a), so dass das Wasser „wie eine Mauer zur Rechten und zur Linken" steht (V. 22). Das ist auf handfestere Weise mirakulös als der starke Ostwind, der in V. 21 das Meer schon längst fortgeblasen hatte. Eine spätere jüdische Auslegung von Ex 14 sagt sogar, dass das Volk das Wasser auch über sich hatte, dass es durch einen Wassertunnel ging.[25]

Das Wunder wächst, der Feind wächst, der Sieg wächst – ad maiorem Dei gloriam, aber auch um der größeren Zuversicht der Hörer willen. Die Erzählung will mit immer größerer Emphase das Zutrauen dazu stärken, dass Israels Befreiung aus Ägypten nicht bloß ein abgeschlossenes Ereignis in der Vergangenheit ist. Wenn sie in mythologischem Gewand als Sieg des Schöpfers über die Chaosmächte erscheint, so bedeutet dies, dass die Begebenheit generalisiert und allgemein gültig wird. Sie wird zu einem ungewöhnlich deutlichen Beispiel dafür, wie Israels Gott zu allen Zeiten an seinem Volk und an jedem Individuum im Volk handelt. Er befreit aus Bedrängnis, Angst, *angustia*.

---

24 Ex 14,1–4.8–9.15–18.21 (erster und letzter Satz).22–23.26.27 (erster Satz).28.29. Diese Analyse ist im Großen und Ganzen seit Nöldeke 1869, 45 f. unumstritten (sie wurde eine Zeitlang dadurch verwirrt, dass Wellhausen in Ex 14 mit einer dritten Quelle neben J und P, nämlich E, zu rechnen begann und Teile der P-Variante dort lokalisierte, Composition, 75–77).

25 Mekhilta 14,16 (Midrasch zu Exodus); siehe Billerbeck III, 405.

In der Bedrängnis rief ich zum Herrn.
Der Herr antwortete mir mit Weite.

(Ps 118,5)

Er streckte seine Hand aus von der Höhe und fasste mich
und zog mich aus großen Wassern.
Er errettete mich von meinen starken Feinden,
von meinen Hassern, die mir zu mächtig waren;
sie überwältigten mich zur Zeit meines Unglücks;
aber der Herr ward meine Zuversicht.
Er führte mich hinaus in Freiheit,
er rettete mich, denn er liebt mich.

(Ps 18,17–20)

Es gibt Psalmen, die das Gegenteil behaupten: dass Gott nicht eingreift, dass er manchmal gänzlich untätig ist, dass er sich verbirgt, schweigt, schläft oder offen feindselig ist.

Mein Gott, mein Gott, warum hast du mich verlassen?
Ich schreie, aber meine Hilfe ist ferne.

(Ps 22,2)

Wache auf, Herr! Warum schläfst du?
Werde wach und verstoß uns nicht für immer!
Warum verbirgst du dein Antlitz,
vergissest unsere Not und Plage?

(Ps 44,24–25)

Warum, o Gott, hast du uns verstoßen für immer,
raucht dein Zorn gegen die Schafe deiner Weide?

(Ps 74,1)

Gegen solche Erfahrungen wird Passah um Passah die Geschichte von Israels Befreiung in Ex 1–15 erzählt: um stets neue Hörer davon zu überzeugen, dass sie zu dieser Erzählung gehören und dass die Erzählung ihnen gehört, dass Gott so an ihnen handelt, wie es hier erzählt wird.

5 | Als der Herr verraten wurde

Die Einsetzungsworte als Erzählung

Gegen dieselben Erfahrungen wie die Passaerzählung in Ex 1–15 wird die Ostererzählung[1] des neuen Bundes wiederholt – nicht einmal im Jahr, sondern Sonntag für Sonntag.

> In der Nacht, da er verraten ward, nahm er das Brot, dankte und brach's und gab's seinen Jüngern und sprach: „Nehmet hin und esset. Das ist mein Leib, der für euch gegeben wird. Solches tut zu meinem Gedächtnis."
> Desgleichen nahm er auch den Kelch nach dem Abendmahl, dankte und gab ihnen den und sprach: „Nehmet hin und trinket alle daraus. Dieser Kelch ist das neue Testament in meinem Blut, das für euch vergossen wird zur Vergebung der Sünden. Solches tut, so oft ihr's trinket, zu meinem Gedächtnis."

Diese Erzählung kommt aus einer noch tieferen Schicht als derjenigen der Angst. Sie kommt mitten aus dem Tod. Sie erzählt nicht von Rettung aus Not, aus Todesgefahr, sondern von Rettung vom Tode selbst. In dieser Erzählung sind auch die entgegengesetzten Erfahrungen mit enthalten, die im Psalter und zu allen Zeiten gegen die Zuversicht sprechen, dass Gott eingreift und rettet: die Erfahrung, dass Gott untätig ist, schweigt, sich verbirgt.

Mein Gott, mein Gott, warum hast du mich verlassen?

---

1 Für Passah und Ostern hat das Schwedische dasselbe Wort: påsk.

ruft Jesus. Das ist ein Ruf aus wirklicher, menschlicher Angst, aus Todesangst. Nach diesem Ruf stirbt er (Mk 15,34–37; Mt 27,46–50). Er wird nicht im letzten Moment gerettet, sondern stirbt wirklich. Erst nach dem Tod, aus dem wirklichen, schon eingetroffenen Tod heraus kommt die Rettung.

Der Tod des Herrn wird bejaht, wie der Tod aller seiner Nachfolger; der Knecht steht nicht über seinem Herrn. Jener Tod wird sogar verkündigt. Die Kirche verkündet den Tod des Herrn, bis er kommt.

Und wenn die Einsetzungsworte verlesen worden sind, gehen die Hörer ganz sichtbar in die Erzählung ein. Da begegnen ihnen die Worte: „für dich gegeben", „für dich vergossen". „Er nahm einen Kelch ... und sie tranken alle daraus" (Mk 14,23) – jetzt tun sie es selbst „zur Vergebung der Sünden" (Mt 26,28). Sie gehen ein in die Nacht, als der Herr verraten wurde. Sie gehen zugleich im Voraus in ihren eigenen Tod hinein. Und sie gehen in das Reich Gottes ein, in den Tag hinein, an dem viele kommen werden von Osten und Westen und mit Abraham im Himmelreich zu Tisch sitzen werden.

Solange Tod und Schuld als Realitäten wahrgenommen werden, wird diese Erzählung ihre Aktualität behalten. Sie spricht zu jeder Zeit von dem Geschick des Hörers und von der Befreiung daraus. Sie will die Hörer zu einer durchgreifenden Umgestaltung ihres Weltbildes, ihrer Auffassung von Leben und Tod, von Erfolg und Misserfolg, von Erhöhung und Erniedrigung bewegen.

Dass die Einsetzungsworte eine Erzählung sind, die den Hörer einbezieht, wird bei jedem Abendmahl von der Gemeinde gezeigt, die buchstäblich in die Erzählung eingeht, und von dem Austeiler, der zu jedem Einzelnen sagt: „Für dich ..." Das sind ebenso klare Worte wie die des Nathan, der nach seiner Erzählung zu David sagte: „Du bist der Mann."

Noch klarer wird es, wenn der Pfarrer beim Verlesen der Einsetzungsworte den Blick auf die richtet, die zuhören. Denn nichts von dem, was der Pfarrer ihnen zu erzählen hat, ist gewichtiger als das. Keine Erzählung, die sie in ihrem

Leben hören, hat größeres Gewicht für sie als diese. So etwas pflegt man normalerweise dadurch zu markieren, dass man diejenigen ansieht, denen man es vorträgt. Christus war bei der Einsetzung des Abendmahls ohne Zweifel den Jüngern zugewandt; darauf weist Luther in der Deutschen Messe von 1526 hin, und er will eigentlich diese natürliche Ordnung wieder einführen. Der Altar müsse umgestellt werden, so dass der Pfarrer hinter ihm stehen könne, der Gemeinde zugewandt. Aber das eile nicht, „das warte auf seine Zeit".[2] Die wichtigste Neuerung war, dass die Worte jedenfalls gehört, nicht still gelesen werden sollten wie in der damaligen römischen Messe. In verschiedenen lutherischen Gottesdienstordnungen aus dem 16. und 17. Jahrhundert hielt man darüber hinaus die Zeit für reif, den Altar umzustellen und die Worte in Richtung der Gemeinde zu verlesen oder zu singen.[3]

Es verdunkelt unleugbar den Charakter der Einsetzungsworte als Erzählung, wenn derjenige, der sie liest, dem Rest der Gemeinde den Rücken zukehrt. Die Worte sind ja Verkündigung des Evangeliums,

> das ist die Summe des rechten Evangeliums, denn hier sagt Christus, dass er seinen Leib für uns hingibt und sein Blut um unseretwillen vergießt; wo kann man wohl tröstlichere Worte zu hören bekommen?

sagt der schwedische Reformator Olavus Petri;[4] das hatte er als Student in Wittenberg gelernt, dass die Einsetzungsworte „compendium totius evangelii" sind.[5]

Eine andere Art der Verdunklung des Charakters der Einsetzungsworte als Erzählung, einer Erzählung, in die der Hörer eingeht, ist natürlich, nicht ziemlich bald nach der Verlesung der Worte an den Punkt zu kommen, wo die Hörer

---

2 Deutsche Messe, 95 f. (Zitat 96).
3 Siehe Niebergall, Abendmahlsfeier, TRE 1, 300.
4 Deutsch nach: Olavus Petri, Orsack hwar före Messan böör wara på thet tungomål som then menige man forstondeligt är, 1531, Samlade skrifter 2, 395.
5 Luther, De abroganda missa privata, 1521, WA 8, 447,15.

faktisch in sie eingehen. Wortreiche Gebete können die Verbindung zwischen Wort und Handlung, zwischen der Erzählung und ihrer Aktualisierung, der Kommunion, verdecken.

In der römischen Messe ist die Lage etwas anders. Dort ist die Verbindung zwischen den Einsetzungsworten und deren Aktualisierung in Handlung auf ihre Weise sehr eng, nämlich im Opfer. Denn unmittelbar nach ihrer Verlesung (die als konsekrierend verstanden wird) und der Akklamation „Deinen Tod, o Herr, verkünden wir ..." bringt der Priester Gott das Messopfer durch das Gebet Unde et memores dar:

> Darum, gütiger Vater, ... bringen wir aus den Gaben, die du uns geschenkt hast, dir, dem erhabenen Gott, die reine, heilige und makellose Opfergabe dar: das Brot des Lebens und den Kelch des ewigen Heiles.

In der gebräuchlichsten orthodoxen Liturgie, der Chrysostomus-Liturgie,[6] bringt der Priester Gott nach den Einsetzungsworten Brot und Wein dar, „bringen wir dir dar das Deine aus dem Deinen mit allem (was wir haben und sind) und für alles (was du getan hast)".[7] Dort ist man indessen der Auffassung, dass die Konsekration erst auf die nachfolgende Epiklese hin geschieht, das Gebet, dass Gott seinen Geist senden und die Gaben zu Christi Leib und Blut machen möge. Darauf folgt eine lange Reihe von Fürbitten.

Sieht man jedoch die Einsetzungsworte als Evangelium, und zwar nicht bloß in zweiter Linie, sondern primär als Evangelium, und die Kommunion als ihre Aktualisierung in Handlung, dann ist das Erfordernis dazwischen geschobener Gebete sehr begrenzt.

Das Abendmahlsgebet enthält gewiss eine Beziehung nicht nur zur Sitte der Alten Kirche, sondern zu derjenigen Jesu, insofern er ebenso wie andere Juden das Tischgebet las, d. h. Gott dankte, bevor er die Mahlzeit mit dem Brotbrechen begann (Mk 6,41; 8,6; 14,22 mit Parallelen), und dass er

---

6 Griechischer und englischer Text in The Orthodox Liturgy.
7 *tà sà ek tôn sôn soì prosféromen katà pánta kaì dià pánta.*

ebenso wie andere Juden bei Festmahlen, wo man Wein trank, nach dem Mahl „den Kelch der Segnung" in die Hand nahm und Gott dankte (Mk 14,23 mit Parallelen). Mit welchen Worten er betete, geht daraus nicht hervor. Möglicherweise benutzte er eine eigene Formulierung. Aber gerade weil Jesu Tischgebet in den Evangelien nur erwähnt, nicht aber wiedergegeben wird, liegt es nahe anzunehmen, dass es sich nicht wesentlich vom Gewohnten unterschied, ungefähr so wie man es heute in der Mischna im Traktat Berakhot lesen kann („Segnungen", Bezeichnung für alle Gebete, die mit *barúch*, gesegnet, gepriesen, beginnen). Daher kommt auch der Ausdruck „Kelch der Segnung" in 1. Kor 10,16.[8]

Für Jesu Tischgebet verwendet das Neue Testament wechselweise die Verben *eulogeîn*, „segnen", und *eucharisteîn*, „danken" (der Ursprung der Bezeichnung Eucharistie für das Abendmahlsgebet und für das Abendmahl als Ganzes).[9] Das erste ist eine Übersetzung, das andere eine sachlich richtige Wiedergabe des hebräischen und aramäischen *baréch*. Man segnet Gott, nicht das Essen – dessen Bezug zu Gott ist dadurch gegeben, dass er es geschaffen hat, und wenn man von Gottes Gaben zu sich nimmt, dankt man, segnet man den Schöpfer. Aber „sobald man jüdischen Boden verließ, verstand man die Benediktion als Segnung der Elemente des Mahls statt einer Danksagung an Gott für seine Gaben."[10] Denn dort befand man sich außerhalb des biblischen Schöpfungsglaubens.

Es handelt sich nicht um lange Gebete. „Gesegnet seist du, Herr, unser Gott, der du Brot aus der Erde hervorbringst",

---

8 Die Endredaktion der Mischna fand um 200 n. Chr. statt; aber an vielen Punkten kann man vermuten, dass sie ältere Sitten widerspiegelt. Zu den Tischgebeten siehe z. B. Billerbeck IV, 621. 627–632; Prex Eucharistica, 5–12.

9 Die Verben werden ohne Unterschied verwendet (siehe Conzelmann 244, Anm. 81); *eulogeîn* in Mt 14,19; 26,26; Mk 6,41; 8,7; 14,22; Lk 9,16; 24,30 und *eucharisteîn* in Mt 15,36; 26,27; Mk 6,41; 8,6; 14,23; Lk 22,17.19; Joh 6,11.23; 1. Kor 11,24.

10 Johansson 189. Das ist schon in Mk 8,7 (in den meisten Handschriften) und Lk 9,16 zu bemerken. Zu 1. Kor 10,16 siehe Conzelmann 210, Anm. 13; Delling, TRE 1,49.

lautete das gewöhnliche Tischgebet (nach Ps 104,14). War es aber ein Festessen mit Wein, dankte man Gott ausführlicher nach dem Mahl beim Kelch der Segnung, nicht nur für die Schöpfung, für Speise und Trank, „gesegnet seist du, Herr, unser Gott, der du alles Lebende mit Gnade sättigst" (nach Ps 145,16), sondern auch für die Erlösung, „denn du hast uns dieses gute und weite Land zum Erbe gegeben, denn du hast uns aus Ägypten geführt und uns aus dem Sklavenlager befreit [. . .]."[11] Dazu sah man sich aufgefordert in Dtn 8,10:

> Dort wirst du essen und satt werden, und du sollst den Herrn, deinen Gott, loben für das gute Land, das er dir gegeben hat.

Mit anderen Worten: Bei festlichen Gelegenheiten enthielt die Danksagung beim Becher der Segnung das Gedenken der Erlösung.

Es ist als natürlich anzusehen, dass auch Jesu Jünger bei ihrer gemeinsamen Mahlzeit das Tischgebet sprechen, dass sie Gott für die Schöpfung und für die Erlösung durch Jesus Christus danken.

So wie sie im Gottesdienst verlesen werden, sind die Einsetzungsworte streng genommen keine biblische Erzählung, sondern eine Kombination aus vier Erzählungen, Mt 26, 26–29, Mk 14,22–25, Lk 22,14–20 und 1. Kor 11,23–25. Dass man begann, sie im Gottesdienst zu einem Text zu vereinigen, hängt damit zusammen, dass im zweiten Jahrhundert allmählich der neutestamentliche Kanon entstand und dass die Gemeinden sich Abschriften von den Evangelien und überdies von einer Sammlung von Paulusbriefen verschafften. Die beiden ältesten bekannten Kombinationen stammen aus Rom (sind aber auf Griechisch geschrieben, das bis ins dritte Jahrhundert die Sprache der römischen Gemeinde war). Die erste steht in Justins Apologie (um 150), die andere in Hippolyts Kirchenordnung (um 200). Justin erzählt Außenstehenden vom Christentum und begründet die Abendmahlsfeier auf folgende Weise:

---

11 Die Danksagung für die Befreiung aus Ägypten ist möglicherweise später als die Zeit Jesu (Prex Eucharistica 9 f.).

Die Apostel haben in den von ihnen stammenden Denkwürdig-
keiten, welche Evangelien heißen, überliefert, es sei ihnen folgende Anweisung gegeben worden: Jesus habe Brot genommen,
Dank gesagt und gesprochen: „Das tut zu meinem Gedächtnis;
das ist mein Leib", und ebenso habe er den Becher genommen,
Dank gesagt und gesprochen: „Dies ist mein Blut."[12]

Es geht aus dem Text nicht hervor, ob man die Worte im
Gottesdienst zu verlesen pflegte. Es ist aber wahrscheinlich;
dass Justin nicht aus einer Gottesdienstordnung zitiert, sondern aus „den Evangelien", mag einfach darauf beruhen,
dass es noch nicht so viel geschriebene Liturgie gab, aus der
man hätte zitieren können. Der Leiter des Gottesdienstes
sendet Gebete und Danksagungen zu Gott „mit aller Kraft",
„so gut er es vermag", *hóse dýnamis autô*, heißt es zum Beispiel 67,5. Bei Hippolyt werden die Einsetzungsworte in ein
schriftlich fixiertes Abendmahlsgebet eingefügt (Kap. 4) und
lauten ein wenig anders. Das Gebet beginnt mit einem noch
heute bekannten Wechselgesang:

Der Herr sei mit euch. – Und mit deinem Geiste.
Empor die Herzen. – Wir haben sie beim Herrn.
Lasst uns danksagen dem Herrn. – Das ist würdig und recht.

Danach dankt man Gott für Jesu Geburt und Leiden und
fährt fort:

Als er sich freiwillig dem Leiden auslieferte [...],
nahm er Brot, sagte dir Dank und sprach:
„Nehmt, esst. Dies ist mein Leib, der für euch zerbrochen wird."
Ebenso nahm er auch den Kelch und sprach:
„Dies ist mein Blut, das für euch vergossen wird.
Wenn ihr dies tut, tut ihr es zu meinem Gedächtnis."

Die Worte haben weiterhin zu verschiedenen Zeiten und in
verschiedenen Gegenden in der Kirche ein wenig unter-
schiedlich gelautet. Das beruht teilweise darauf, dass es bereits in neutestamentlicher Zeit so war: dass es verschiedene

---

12 Justin, Apologie, I 66,3.

Varianten gab, mindestens vier. Will man die gleichen Fragen an die Einsetzungserzählung richten wie an die bisher behandelten Bibeltexte – ob sie schon von Anfang an als eine Erzählung gedacht war, in welche die Hörer einbezogen werden sollten, und wo hinein sie gegebenenfalls einbezogen werden sollten – so muss man damit beginnen, dass man die vier Erzählungen jeweils einzeln anhört.

Paulus

Die am frühesten niedergeschriebene Abendmahlserzählung steht im 1. Korintherbrief, der ungefähr im Jahre 55 geschrieben wurde. Dieser Brief behandelt viele verschiedene Fragen, aber eine durchgehende Eigenart ist, dass Paulus die Adressaten kritisiert, weil sie Christus faktisch nicht respektieren. Parteiwesen, Bordellbesuche, heidnische Opfermahlzeiten, das alles bedeutet, dass sie den Leib Christi, der die Kirche ist, zersetzen. „Ist Christus etwa zerteilt?" (1. Kor 1,13; vgl. 6,16 f.; 10,17.20 f.). In Kapitel 11–14 geht es um den Gottesdienst, in 11,17–34 um das Herrenmahl, *kyriakòn deîpnon*.[13] „Wenn ihr nun zusammenkommt, so hält man da nicht das Abendmahl des Herrn. Denn ein jeder nimmt beim Essen sein eigenes Mahl, *tò ídion deîpnon*, vorweg und der eine ist hungrig, der andere ist betrunken" (1. Kor 11,20 f.).

Es war offensichtlich so, dass das Mahl als Hauptmahlzeit des Tages, *deîpnon*, am Abend gehalten wurde, wahrscheinlich am Sonntagabend.[14] Alle trugen mit Speise und Trank dazu bei, zumindest die Wohlhabenderen; das war in der Antike eine allgemein verbreitete Sitte.[15] Auf das Mahl – nach jüdischer Sitte: auf den Kelch der Segnung – folgte das, was die Griechen Symposion nannten, mit Singen und Reden. Es ist sehr wohl möglich, dass die Zusammenkunft der

---

13 Dies ist der ältere Name, bevor „Eucharistie" sich durchgesetzt hatte (Conzelmann 237, Anm. 21).
14 Siehe Lampe 185. Vgl. 1. Kor 16,2; Apg 20,7.
15 Siehe Lampe 194.

Christen von Anfang an diesem geläufigen Muster folgte: zuerst das Mahl (1. Kor 11,17 ff.), dann „Gesang, Unterweisung, Offenbarung, Zungenreden" (1. Kor 14,26 ff.).[16] „Symposion" bedeutet heutzutage auf Deutsch so viel wie Konferenz, während die Übersetzung „Trinkgelage" wie Saufgelage klingt. Es war weder das eine noch das andere, sondern ein Mittelding (das ausarten konnte, vgl. Eph 5,18–20).

Aber in Korinth kamen die Bessergestellten zeitig und nahmen sofort von ihrem Mitgebrachten zu sich, *tò ídion deîpnon*, so dass nichts für diejenigen übrig blieb, die später kamen, Sklaven und andere mit einem langen Arbeitstag. Diese kamen rechtzeitig für das Tischgebet und das Brotbrechen. Sie kamen zu dem Wichtigsten, meinten die tonangebenden Kreise; „‚auf die Messe kommt es an', und es ist alles in Ordnung, wenn die Armen für diesen großen Höhepunkt rechtzeitig da sind."[17] Es dürfte kaum so gewesen sein, dass das Abendmahl in Korinth profaniert wurde in dem Sinn, dass man es als irgendeine beliebige Mahlzeit ansah. Im Gegenteil, die führenden Gemeindeglieder scheinen eine stark sakramentale Frömmigkeit gehabt zu haben.[18] In 1. Kor 10,1–13 muss Paulus sie vor dem Glauben warnen, Taufe und Abendmahl seien automatisch wirkende Arzneien, die einen gegen Versuchungen immun machten – er erinnert an Israels Wüstenwanderung, auf der viele fielen, die meinten, fest zu stehen, obgleich alle „durch die Wolke und durch das Meer getauft" worden waren und „geistliche Speise" und „geistlichen Trank" bekommen hatten (1. Kor 10,2–4).[19]

Aber das Mahl des Herrn so zu feiern, dass einige hungrig dasitzen müssen, das heißt für Paulus, es „unwürdig" zu tun (1. Kor 11,27), ohne zu bedenken, um wessen Leib es geht

---

16 Jones 193 f.; Lampe 189–191.
17 Deutsch nach: Jones 192.
18 Vgl. 15,29 und Conzelmann 236 f. 337 f.
19 Vgl. Conzelmann 205–207. Die Zusammenstellung von Taufe und Abendmahl zeigt, dass Paulus eine übergreifende Vorstellung vom „Sakrament", wenngleich noch keinen übergreifenden Begriff dafür hatte (a. a. O. 203, Anm. 21).

(11,29), nämlich Christi Leib, der für jeden Einzelnen geopfert wurde (11,24), auch für den Armen, und in den jeder Einzelne einbezogen ist (10,17; 12,27), auch diejenigen, die „die Schwächsten zu sein scheinen" (12,22). Bezieht man das Abendmahl nur auf sich selbst, so zerstört man es.[20] Das Mahl des Herrn soll ein gemeinsames sein, keiner soll mit seiner eigenen Mahlzeit beginnen, sondern alle sollen bis zum Gebet und zum Brotbrechen warten, und dann sollen sich alle satt essen können. Als sein entscheidendes Argument wiederholt Paulus in 11,23–25, was er schon zuvor die Korinther gelehrt hatte:

> (23) Ich habe von dem Herrn empfangen, was ich euch weitergegeben habe:
> Der Herr Jesus, in der Nacht, da er verraten ward, nahm er das Brot, (24) dankte und brach's und sprach: „Das ist mein Leib, der für euch gegeben wird; das tut zu meinem Gedächtnis."
> (25) Desgleichen nahm er auch den Kelch nach dem Mahl und sprach: „Dieser Kelch ist der neue Bund in meinem Blut; das tut, so oft ihr daraus trinkt, zu meinem Gedächtnis."

mit dem Zusatz:

> (26) So oft ihr von diesem Brot esst und aus dem Kelch trinkt, verkündigt ihr den Tod des Herrn, bis er kommt.

Diese Erzählung gibt sowohl den Grund als auch das Muster für das gemeinsame Mahl der Christen an, sowohl dessen Ursprung als auch dessen Vorbild. Das Mahl ist des Herren; die Korinther verfügen nicht frei darüber. Es soll offenbar der Form eines gewöhnlichen jüdischen Festmahls folgen, mit Tischgebet und Brotbrechen zuerst und erneuter Danksagung nach dem Mahl bei „dem Kelch" (mit Artikel, d. h. bei dem Kelch der Segnung, 10,16). Was von dem jüdischen Muster abweicht, ist vor allem die neue Bedeutung, die Jesu Worte dem Brot und dem Kelch geben.

---

20 Conzelmann 236.

Es ist deutlich, dass Paulus die Erzählung nicht bloß zu dem Zweck wiederholt, die Leser an das eine oder andere aus Jesu Erdenleben zu erinnern, sondern damit sie selbst in sie eingehen sollen. Sie setzt einen größeren Zusammenhang voraus: die Passionsgeschichte. Das zeigt sich gleich zu Beginn: Sie spielt in der Nacht, als der Herr verraten, ausgeliefert, dahingegeben wurde.[21] Aber Paulus teilt keine Einzelheiten aus diesem größeren Zusammenhang mit. Er nennt nicht einmal die ursprünglichen Adressaten der Worte Jesu, die zwölf Jünger. Das verstärkt den Eindruck, dass es jetzt die Christen in Korinth sind, die sich als Adressaten verstehen sollen. Jetzt sind sie es, zu denen Jesus spricht: „Das ist mein Leib, der *für euch* geopfert wird", „dieser Kelch ist der neue Bund in meinem Blut, das tut, so oft *ihr* daraus trinkt, zu meinem Gedächtnis."

Das Mahl verkündigt den Tod des Herrn „für euch", für jeden Teilnehmer. Die Formulierung „So oft ihr . . . esst und . . . trinkt, verkündigt ihr also . . ." deutet darauf hin, dass Paulus das Mahl selbst, das Mahl des Herrn, als Verkündigung des Todes des Herrn in Gestalt einer Handlung betrachtet,[22] so wie das Evangelium im Kern stets Verkündigung des Gekreuzigten ist (1. Kor 2,2) – bis er kommt.

Durch den letzten Satzteil schimmert das urchristliche Abendmahlsgebet *maranatá* hindurch, „unser Herr, komm!" (1. Kor 16,22). Durch das Mahl bittet man um das Kommen des Herrn und nimmt es vorweg. Es ist sowohl Zukunft als auch Gegenwart.[23] Das ist wie mit der Gegenwart des Sonnenlichts auf der Erde. „Es kommt von außen und bleibt stets etwas, worauf man warten muss. Dennoch ist seine Gegenwart nicht punktuell."[24] Das Brot ist schon jetzt Gemeinschaft mit dem Leib Christi und verleibt ihm

---

21 *paradidónai* im Passiv, zentral in der Deutung des Todes Jesu, letztlich mit Gott als Handelndem (Mk 9,31; 10,33; 14,10; Röm 4,25; 8,32 usw.). Siehe Jeremias, Abendmahlsworte, 106.

22 Johansson 237; Hahn 560; Lampe 208 (gegen Jeremias 100; Conzelmann 246; Jones 193, die meinen, es gehe um eine Verkündigung in Worten während des Mahls).

23 Vgl. Jones 193.

24 Deutsch nach: Wingren, Credo, 123.

jeden Einzelnen ein (1. Kor 10,16 f.). Der Becher der Segnung ist schon jetzt Gemeinschaft mit Christi Blut (1. Kor 10,16), mit seinem stellvertretenden Tod, der einen neuen Bund mit Gott aufgerichtet hat, eine neue Gottesgemeinschaft, so wie sie in Jeremia 31 verheißen wird:

> Siehe, Tage kommen, spricht der Herr,
> da werde ich mit dem Haus Israel und dem Haus Juda einen neuen Bund schließen,
> nicht wie der Bund, den ich mit ihren Vätern schloss,
> als ich sie bei der Hand nahm, um sie aus Ägyptenland zu führen,
> meinen Bund, den sie gebrochen haben,
> obwohl ich ihr Herr war, spricht der Herr.
>
> *(Jer 31,31–32)*

Der Fehler des früheren Bundes liegt nicht darin, dass er alt ist, sondern dass er gebrochen wurde; niemand erfüllt die Bedingungen. Vor diesem Hintergrund verheißt Gott, einen neuen Bund zu schließen, der auf Vergebung gründet:

> Ich werde ihnen ihre Schuld vergeben,
> und ihrer Sünde nicht mehr gedenken.
> *(Jer 31,34)*

Der eigene Beitrag des Paulus zu diesen Auslegungen der Bedeutung des Abendmahls besteht vor allem in dem reichen Gehalt des Ausdrucks „Leib Christi", der dessen am Kreuz dahin gegebener Leib und das gebrochene und ausgeteilte Brot des Abendmahls ist, aber zugleich auch die Gemeinde, die Kirche, ein Leib mit „vielen Gliedern" (1. Kor 12,12). Der letzte Gedanke hat seinen Hintergrund in der Genesis, wo der Stammvater den ganzen Stamm (vgl. Hebr 7,10) und „adam" die ganze Menschheit verkörpert (vgl. Röm 5,12 ff.; 1. Kor 15,21 f.). So schließt Christus jeden Christen in sich ein; „der Glaubende war in Christus eingeschlossen, als dieser am Kreuz starb."[25]

Es ist aber keine Erfindung des Paulus, dass stets neue Hörer in die Erzählung von der Nacht, in welcher der Herr

---

25 Johansson 233; vgl. auch Percy 41–46.

verraten wurde, eingehen sollen. Die Erzählung ist offenbar schon früher als Grund und Muster für das Herrenmahl in der Kirche rezitiert worden. Paulus kündigt sie selbst als etwas an, das er „empfangen" und „weitergegeben" hat. Das entspricht den üblichen jüdischen Ausdrücken für Traditionsvermittlung, *qibbél* und *masár* auf Hebräisch, *paralambánein* und *paradidónai* auf Griechisch,[26] und „von dem Herrn" gibt den allerersten Urheber der Tradition an. Es dürfte dagegen kaum bedeuten, dass Paulus sie durch eine unmittelbare Offenbarung von Christus empfangen hat, da er nicht wie in Gal 1,12 „durch eine Offenbarung" schreibt.[27] Eher hat er die Erzählung von anderen Christen überliefert bekommen, vielleicht schon in Damaskus, kurz nach seiner Berufung (Gal 1,17) zu Anfang oder in der Mitte der dreißiger Jahre[28], oder als er drei Jahre später nach Jerusalem reiste, um Petrus zu befragen (Gal 1,18).[29]

Wortwahl und Syntax weichen dementsprechend von dem bei Paulus Üblichen ab (die wichtigste Ausnahme ist die Formulierung „der für euch [gegeben wird]", *tò hypèr hymôn*, die von Paulus selbst stammen könnte, eine ausdrückliche Betonung, dass der Hörer einbezogen ist). Das ganze Stück hat einen feierlichen Ton, der schon zu Beginn mit der Bekenntnisformel *Kýrios Iesoûs* angeschlagen wird (1. Kor 12,3; Röm 10,9): „Der Herr Jesus, in der Nacht, da er verraten ward, nahm er ..." – das klingt auch auf Griechisch feierlich.[30] Das deutet darauf hin, dass jedenfalls diese Variante der Einsetzungserzählung, die Paulus sich irgendwann in den dreißiger Jahren angeeignet haben wird, schon damals ihren Ort im Gottesdienst hatte, im Großen und Ganzen so, wie sie in 1. Kor 11 lautet. Sie wurde als Grund und

---

26 Vgl. Gerhardsson, Memory, 288–302.320–322.
27 Johansson 136–140; Gerhardsson, Memory, 321 f. Dass in 1. Kor 15,3 nicht „vom Herrn" steht, erklärt sich daraus, dass die Erzählung von Jesu Tod und Auferstehung nicht Jesus, sondern die Apostel, die Zeugen, als Urheber hat.
28 Paulus wurde frühestens 32, spätestens 36 berufen; siehe Perrin 133–135.
29 *historêsai Kephân*, vgl. Gerhardsson, Memory, 297 f.
30 Siehe dazu auch Jeremias, Abendmahlsworte, 98 f.; 105 f.; 160.

Muster für die urchristliche Abendmahlsfeier rezitiert, so kann man aus gutem Grund vermuten.[31]

Markus

Die drei übrigen Varianten der Einsetzungserzählung sind Teil der Passionsgeschichte der synoptischen Evangelien, von denen Markus das älteste ist, um 70 geschrieben. Man kann ohne Übertreibung sagen, dass die Erzählung ein wesentlicher Bestandteil der Passionsgeschichte bei Markus ist (Kap. 14–16). Es sind zwei Szenen, die sich während des letzten Mahls (Mk 14,17–25) abspielen. In der ersten, V. 18–21, zeigt Jesus auf seinen Verräter und sagt: „Der Menschensohn geht hin, wie von ihm geschrieben steht" (V. 21). Das ist ein Nachklang des „muss", *deî*, das in den ersten Leidensweissagungen als Vorzeichen für die ganze Passionsgeschichte steht: „Der Menschensohn muss viel leiden und verworfen werden ..." (Mk 8,31). In der nächsten Szene, V. 22–25, spricht Jesus davon, *warum* er leiden und sterben „muss"; das ist die einzige Stelle in der Passionsgeschichte, die davon handelt (davor nur noch Mk 10,45):

> (22) Als sie aßen, nahm er ein Brot, sprach das Dankgebet, brach es und gab es ihnen und sprach: „Nehmet, das ist mein Leib." (23) Und er nahm einen Kelch, dankte und gab ihnen den, und sie tranken alle daraus. (24) Er sprach zu ihnen: „Das ist mein Blut des Bundes, das für viele vergossen wird. (25) Wahrlich, ich sage euch, dass ich nicht mehr trinken werde vom Gewächs des Weinstocks bis an den Tag, an dem ich aufs Neue davon trinke im Reich Gottes."
>
> *(Mk 14, 22–25)*

Auch im Johannesevangelium spricht Jesus beim letzten Mahl davon, was es bedeutet, dass er „hingeht". Dies ist das durchgehende Thema in der Abschiedsrede Joh 14–17.[32]

---

31 Vgl. Jeremias 106; Patsch 104 f.
32 Vgl. Bultmann 348 f.; 370 f.; 391: Joh 17 entspricht den Einsetzungsworten („um ihretwillen heilige ich mich [scil. zu einem Opfer]", V. 19).

Aber bei Markus (ebenso wie bei Matthäus und Lukas) lässt er das Mahl selbst reden. Das Brot, das gebrochen und ausgeteilt wird und allen zugute kommt, ist sein Leib, der sterben wird. Alle trinken aus dem Kelch, und danach spricht Jesus: „Das ist mein Blut, das Blut des Bundes, das für viele vergossen wird." Sein Blut soll vergossen werden, d. h. er wird eines gewaltsamen Todes sterben (vgl. Gen 9,6; Dtn 19,10), und das geschieht stellvertretend „für viele": für die Völker, für Sünder und Gottlose, für jedermann, so wie in der Weissagung vom leidenden Gottesknecht in Jesaja 53.[33] Der Ausdruck „für viele", *hypèr pollôn*, geht auf Jes 53 zurück und ist ein Semitismus, eine wörtliche Übersetzung der besten Wendung, die das Hebräische und Aramäische kennen, um „für alle" auszudrücken; in 1. Tim 2,6 wird es wiedergegeben mit „für alle", *hypèr pánton*. „Das ist mein für die Völker dahingegebener Leib", könnte man Jesu Worte umschreiben.[34]

> Mein Knecht, der Gerechte,
> gibt vielen Gerechtigkeit
> und trägt ihre Schuld.
> Darum will ich ihm seinen Anteil unter den Vielen geben,
> ihn die Beute teilen lassen mit den Mächtigen,
> dafür, dass er sein Leben in den Tod gegeben hat
> und den Übeltätern gleichgerechnet ist.
> Er aber trug die Sünde der Vielen
> und trat für die Frevler ein.
>
> *(Jes 53,11b–12)*

Der Sinaibund wurde durch Verlesung des Gesetzes, der Bundesbedingungen, und durch Blut von Opfertieren, das „Bundesblut" geschlossen, Ex 24,3–8. Jetzt wird ein Bund geschlossen, der nicht auf Bedingungen, sondern auf Jesu vergossenes Blut gegründet ist, auf sein dahin gegebenes Leben, seinen stellvertretenden Tod „für viele". Das besagt sachlich dasselbe wie die Worte von dem „neuen Bund in meinem

---

33 Vgl. Jeremias 164 f.; 171–174; Lohmeyer 308.
34 Patsch 228 f.

Blut" in 1. Kor 11,25. In beiden Fällen sind dieselben beiden Bibeltexte (außer Jes 53) vereinigt, die Erzählung in Ex 24 vom Sinaibund und die Verheißung in Jer 31 von einem neuen Bund, der auf Vergebung gegründet ist. In Mk 14 steht die erste Stelle im Vordergrund, in 1. Kor 11 die zweite.

Bei Markus wird nichts davon gesagt, dass das Mahl wiederholt werden solle. Hier wird nichts eingesetzt, wenn man es buchstäblich nimmt. Die Erzählung macht zunächst nicht den Eindruck, dass sie sich auf irgendetwas anderes bezöge als auf als ein Ereignis der Vergangenheit, eine wichtige Episode der Passionsgeschichte: als Jesus seinen Jüngern die Bedeutung seiner bevorstehenden Hinrichtung erklärte.

Aber er erklärt diese Bedeutung mit Hilfe eines Mahls, und zum Wesen von Mahlzeiten gehört, dass sie den Teilnehmern zugute kommen. Man isst und trinkt und verleibt sich das Vorgesetzte ein. Jesu Tod soll auf gleiche Weise anderen zugute kommen. Er „gibt vielen Gerechtigkeit", und durch das Mahl eignet man sich dies an. Das deutet darauf hin, dass jeder zukünftige Hörer in dieser Erzählung als präsumtiver Teilnehmer an eben diesem Mahl mitgedacht ist, als einer von den „Vielen", für die Jesus stirbt.

Außerdem haben die Leser des Markus die Worte wahrscheinlich von ihrer eigenen Abendmahlsfeier her wiedererkannt. Die feierliche Ausdrucksweise unterscheidet sich nämlich markant von der einfachen Prosa, die sonst das Markusevangelium kennzeichnet. Das Stück unterscheidet sich ebenso von Markus, wie die Parallele in 1. Kor 11 sich von Paulus unterscheidet. Das spricht dafür, dass Markus (ebenso wie Paulus) die Erzählung der Liturgie der Abendmahlsfeier seiner Gemeinde entnommen hat.[35]

In dem vermutlich ganz heidenchristlichen Milieu des Markusevangeliums hatte die Erzählung also nicht ganz dieselbe Form wie diejenige, die Paulus gelernt und weitergegeben hatte. Das beruht wahrscheinlich – zum größten Teil – darauf, dass das Herrenmahl eine etwas andere Form angenommen hatte und sich ein wenig von dem Zusammenhang

---

35 Vgl. Jeremias, Abendmahlsworte, 106 f.

mit dem jüdischen Ursprungsmilieu entfernt hatte. Das ist eine verbreitete und gut begründete Auffassung.[36]

Sie baut vor allem darauf, dass das Brotbrechen und der Weinkelch mit den zugehörigen Deutungsworten in Mk 14 nicht das Mahl einrahmen, sondern unmittelbar aufeinander folgen, „als sie aßen" (Mk 14,22). Die Erzählung – und die Abendmahlsfeier, die sie spiegelt – folgt nicht (mehr) der jüdischen Form, die Paulus in Korinth wieder einführen wollte, mit dem Brotbrechen am Anfang und dem Kelch der Segnung „nach dem Mahl" (1. Kor 11,25). Die beiden sakramentalen Handlungen sind zu einer Einheit während des Mahls, gegen dessen Ende, zusammengeführt worden. Das ist eine Veränderung weg von dem jüdischen Rahmen und hin zu dem Gottesdienst, den Justin um 150 schildert: zuerst Predigt und Gebete, dann Eucharistie mit Brot und Wein (und Wasser), aber sonst überhaupt keine Mahlzeit (Apologie I 67).

Eine weniger überzeugende Weise, den Unterschied zwischen 1. Kor 11 und Mk 14 zu erklären, besteht darin, die Form der Abendmahlsfeier in Mk 14 vielmehr von der Qumransekte herzuleiten, wo ein Priester zu Beginn des Mahls über Brot und Wein betete; in diesem Fall wäre 1. Kor 11 eine spätere (!) Anpassung an gängige jüdische Sitte.[37] Es ist an und für sich richtig, dass die Urgemeinde interessante Ähnlichkeiten mit Qumran aufweist. Beide haben beispielsweise Kultmahle, aber keine Opfer; beide sehen sich als das Volk des neuen Bundes. Aber gleichzeitig gibt es wesentliche Unterschiede zwischen den Mahlfeiern beider Richtungen: die Offenheit der Kirche für Sünder und Heiden, das Fehlen von Priestern, usw.[38] Außerdem sind Brot und Wein in Mk 14 nicht am Anfang des Mahls, sondern eher an dessen Ende zusammengeführt.

---

36 Vgl. etwa Schweizer, Markus, 164; Marxsen, Abendmahl; Hahn 558–560; Jones 195–198. Die große Ausnahme ist Jeremias, der die markinische Variante – größtenteils – für die ältere hält.

37 Kuhn 67–73. 81.

38 Kuhn weist selbst auf diese und andere grundlegende Unterschiede zwischen Urkirche und Qumran hin (77 f. 84–87).

Diese Veränderung gegenüber 1. Kor 11 erklärt ihrerseits einen anderen Unterschied, dass nämlich Jesu Worte beim Brot und beim Kelch in Mk 14 symmetrischer sind als in 1. Kor 11. Auf „Das ist mein Leib" folgt bei Markus „Das ist mein Blut …", aber in 1. Kor 11: „Dieser Kelch ist der neue Bund …" Es ist nicht wahrscheinlich, dass parallele Formulierungen nachträglich (von Paulus oder seinen Gewährsleuten) weniger parallel gemacht worden sein sollen. Dagegen ist das Umgekehrte völlig begreiflich: dass die Form des Kelchwortes mit der Zeit an die des Brotwortes angepasst wurde, als beide nicht mehr durch ein ganzes Mahl voneinander getrennt waren, sondern kurz nacheinander gesprochen wurden.

Wenn Jesu Worte von vornherein so symmetrisch gewesen und so kurz aufeinander gefolgt wären wie in Mk 14, hätte er im Übrigen eher „Fleisch" und „Blut" gesagt, zu jener Zeit eine gewöhnliche Umschreibung für Mensch (z. B. Mt 16,17; Gal 1,12; Hebr 2,14), nicht „Leib" und „Blut", die ein gebräuchliches Begriffspaar weder sind noch waren. Diese Ausdrücke sind nicht komplementär, so wie „Fleisch" und „Blut"; sie bezeichnen nicht zusammen Jesu Person. Aber Brot und Wein sind Hauptbestandteile eines jüdischen Festmahls; es beginnt mit Brotbrechen und endet mit dem Kelch der Segnung, und beides setzt Jesus – jedes für sich – in Zusammenhang mit sich selbst und seinem Tod.[39]

In Joh 6 steht das übliche Wortpaar „Fleisch und Blut": „Wer mein Fleisch isst und mein Blut trinkt, der bleibt in mir und ich in ihm" (V. 56); das bedeutet dasselbe wie „wer mich isst …" (V. 57). Das spielt sicher auf das Abendmahl an. Es ist aber sowohl von der Betonung der Inkarnation durch das Johannesevangelium, dass das Wort „Fleisch" wurde, und von der Rede vom „Brot des Lebens" in Joh 6 gefärbt: „Wer zu mir kommt, den wird nicht hungern; und

---

39 Marxsen, Abendmahl, 15; Conzelmann 244 f. Fleisch, *sarx*, und Leib, *sôma*, entsprechen auch in Jesu Sprache verschiedenen Worten: *basár* (hebr.)/*bisrá* (aram.) bzw. *guf* (Dalman 130 f.; Schweizer, σάρξ, ThWNT 7, 109; Meyer, σάρξ, ThWNT 7, 115 f.; gegen Jeremias, Abendmahlsworte, 191–193).

wer an mich glaubt, den wird nimmermehr dürsten" (V. 35). Es geht darum, sich Jesu Person, sein „Fleisch und Blut", Gottes inkarniertes Wort, einzuverleiben und ihm einverleibt zu werden, um seinen tiefsten Hunger und Durst, sein innerstes Sehnen gestillt zu bekommen. Aber Jesus muss sein „Fleisch" hingeben, er muss sterben, damit die Welt durch ihn leben kann (V. 51). Das finden die Jünger unerträglich (V. 60), ebenso wie in Caesarea Philippi (Mk 8,32). Davon kann man nur durch den Geist überzeugt werden (V. 63), den Jesus nach seinem Tod sendet (Joh 16,7; 20,22).[40]

Zurück zu Markus. Es dürfte kaum alles in Mk 14,22–25 später sein als die Parallele 1. Kor 11,23–25. Was allgemein bei Markus für ursprünglicher gehalten wird, ist vor allem der Semitismus „für viele" in 14,24, dem das „für euch" in 1. Kor 11,24 entspricht,[41] und auch das eschatologische Schlusswort: „Wahrlich, ich werde nicht mehr von dem Gewächs des Weinstocks trinken, bis ich den neuen Wein im Reich Gottes trinken werde" (Mk 14,25).[42] Dieses hat keine rechte Entsprechung in 1. Kor 11, abgesehen von dem eigenen Zusatz des Paulus von der Verkündigung des Todes des Herrn, „bis er kommt" (1. Kor 11,26). Es hat aber sehr wohl Entsprechungen im Alten Testament und erst recht im nachbiblischen Judentum und in Jesu eigener Verkündigung: in der Rede vom Himmelreich, von der Freude und Gemeinschaft der kommenden Welt als von einem Festmahl mit Wein.[43]

40 Johansson 249–263; Jones 200 f.
41 Vgl. Jeremias, Abendmahl, 165. Die Kurzform *tò hypèr hymôn* (ohne Verbum, „das für euch") ist so eigentümlich griechisch, dass sie kaum aus dem Aramäischen übersetzt sein, sondern auf Paulus oder einen früheren griechischen Tradenten zurückgehen wird.
42 Jeremias, Abendmahl, 157. 174–176. 194.
43 Siehe Johansson 22–26. 32–49. 104–134. Von den 23 Semitismen, die Jeremias (Abendmahl, 165–176) in Mk 14,22–25 als Unterstützung der These aufzählt, die Markusversion sei im Großen und Ganzen die älteste, stehen sieben in V. 25 (und vier in der Wendung „das für viele vergossen wird" in V. 24; aber die übrigen beweisen nichts, denn von diesen finden sich die meisten auch in 1. Kor 11,23–25, oder sie sind allgemein markinisch).

Der Herr Zebaot wird auf diesem Berge
allen Völkern ein fettes Mahl machen,
ein Mahl von reinem Wein,
von Fett, von Mark, von Wein, darin keine Hefe ist.
Und er wird auf diesem Berge die Hülle wegnehmen,
mit der alle Völker verhüllt sind,
und die Decke, mit der alle Heiden zugedeckt sind.
Er wird den Tod verschlingen auf ewig.
Und Gott der Herr wird die Tränen von allen Angesichtern
abwischen
und wird aufheben die Schmach seines Volks
in allen Landen.

(Jes 25,6–8)

Ich sage euch: viele werden kommen von Osten und von Westen und mit Abraham und Isaak und Jakob im Himmelreich zu Tisch sitzen.

(Mt 8,11)

Es ist nicht unwesentlich, dass es um „viele" geht, um die Völker, die Heiden, sowohl in Jes 25 als auch in Mt 8 (s. 8,10).

Ein weiterer Unterschied zwischen den Abendmahlserzählungen in Mk 14 und 1. Kor 11 besteht darin, dass es sich nach Markus um ein Passahmahl handelt. Davon findet sich in 1. Kor 11 nicht einmal eine Andeutung. Das ist faktisch auch in Mk 14,22–25 nicht der Fall: ungesäuertes Brot, bittere Kräuter, Fruchtmus, verschiedene Kelche, die Passah-Haggada, Lämmer – nichts davon spielt eine Rolle, ebenso wenig in der dem Mahl vorangehenden Episode Mk 14,17–21. Wenn es ein Passahmahl war, so ist das jedenfalls für die Abendmahlserzählung ohne Bedeutung.[44] Es ist das einleitende Stück Mk 14,12–16, in dem steht, das Folgende sei nicht bloß ein Mahl zur Passahzeit, sondern ein regelrechtes jüdisches Passahmahl: „Wo willst du, dass wir hingehen und das Passahlamm bereiten, damit du es essen kannst?" (V. 12). Als historische Notiz betrachtet ist dieses Stück jedoch aus mehreren Gründen zweifelhaft.[45]

---

44 Lohmeyer 303; Jeremias, Abendmahl, 91; Schweizer, Markus, 160.
45 Siehe Lührmann 229. 235 f.

Zum einen dürfte die ungenaue Datierung in Mk 14,12 kaum auf jemanden zurückgehen, der den Ereignissen nahe stand, weil sie keinerlei Einzelkenntnis jüdischer Verhältnisse zeigt: „Am ersten Tag des Festes der ungesäuerten Brote, als man das Passahlamm opferte" – der erste Festtag war der 15. Nisan, der erste Vollmond nach der Frühjahrs-Tag-und-Nachtgleiche, und der begann wie alle jüdischen Tage am Abend; aber das Passahlamm wurde am Nachmittag des 14. Nisan geschlachtet, vor Beginn des ersten Festtages.

Zum anderen widerstreitet die Datierung in Mk 14,12 der Angabe des Johannesevangeliums, dass Jesus am 14. Nisan hingerichtet worden sei (Joh 18,28; 19,14), was viel wahrscheinlicher ist. Markus setzt wie Matthäus und Lukas nach ihm voraus, dass der Hohepriester und der ganze Hohe Rat (Mk 14,53) die Passahnacht, die heiligste aller Nächte, dazu verwendet hätten, gegen einen galiläischen Wanderprediger zu prozessieren, der unbequem geworden war. Das wird von vielen mit Recht als ein starker Grund dafür angesehen, dass es Johannes ist, der Recht hat. Wenn man sich Mk 14,12–16 wegdenkt, gibt es auch keine Schwierigkeit, die vorhergehende Datierung bei Markus „Es waren noch zwei Tage bis zum Passah" (Mk 14,1) mit Johannes zu vereinen: „Es war unmittelbar vor dem Passahfest." (Joh 13,1)

Der eifrig diskutierte Unterschied zwischen den Datierungen des Todes Jesu bei Johannes und bei den Synoptikern (Freitag der 14. bzw. der 15. Nisan) hat seinen Ursprung aller Wahrscheinlichkeit nach darin, dass Markus in 14,12–16 auf eigene Faust, ohne Quelle (aber mit Mk 11,1–6 als Vorbild) die von ihm übernommene Angabe über ein letztes Mahl Jesu mit seinen Jüngern am Passahfest (auch in Joh 13,1 f. bezeugt) mit seiner eigenen nicht ganz exakten Kenntnis der jüdischen Sitte des Passahmahls verbunden hat – jedoch ohne dass das Mahl dann in 14,17–25 tatsächlich als Passahmahl erscheint.[46] Das ist wiederum ein weiteres Zeichen dafür, dass Markus die Abendmahlserzählung in 14,22–25 und auch 14,17–21 übernommen hat, ohne selbst etwas Wesentliches hinzuzufügen.

---

46 Lührmann 229. 236.

Damit ist nicht das Recht bestritten, die Abendmahlserzählung die Passaherzählung des neuen Bundes zu nennen. Denn sie handelt von Jesu Tod, der auf jeden Fall zum Passah eintrat. Und sie intendiert mindestens ebenso klar wie die Passaherzählung des alten Bundes, dass der Hörer in der Erzählung „an Bord gehen" soll, auch wenn Markus nicht wie Paulus die Aufforderung Jesu überliefert: „Tut dies zu meinem Gedächtnis."

Matthäus

Die Erzählung des Matthäus 26,26–29 folgt wörtlich Markus, mit einigen wenigen Ausnahmen.

> (26) Als sie aber aßen, nahm er ein Brot, und nachdem er das Dankgebet gesprochen hatte, brach er es und gab es seinen Jüngern und sprach: „Nehmet, esset, das ist mein Leib."
> (27) Und er nahm einen Kelch, und nachdem er gedankt hatte, gab er ihnen den und sprach: „Trinket alle daraus. (28) Das ist mein Blut des Bundes, das vergossen wird für viele zur Vergebung der Sünden. (29) Ich sage euch: Ich werde von nun an nicht mehr von diesem Gewächs des Weinstocks trinken bis an den Tag, an dem ich mit euch aufs Neue davon trinke in meines Vaters Reich."

In Markus 14 steht ausdrücklich, dass Jesus „ihnen" das Brot „gab" und sprach: „Nehmet", dass er „ihnen" den Kelch „gab" und dass „alle daraus tranken". Dieser Zug, der in 1. Kor 11 übergangen wird, ist bei Matthäus genauer entfaltet: „Nehmet, esset", *lábete phágete*, sagt Jesus beim Brot, und beim Kelch: „Trinket alle daraus". Das ist ein kleines Beispiel dafür, wie Jesusworte entstehen können. Die Erzählung des Markus, „alle tranken ..." ist zu einem Austeilungswort geworden. Nur die Verbform unterscheidet das *píete ex autoû pántes* des Matthäus von dem *épion ex autoû pántes* des Markus. Damit sind Jesu Worte beim Brot und beim Wein noch stärker parallelisiert worden als bei Markus – wahrscheinlich nicht durch Zutun des Matthäus, sondern weil er die Erzählung in der Form überliefert, die sie in der

Abendmahlsfeier seiner Gemeinde angenommen hatte. Sie ist „straff stilisiert, sicherlich durch lange währenden liturgischen Gebrauch vor der Aufzeichnung".[47]

Dass Jesu Blut „zur Vergebung der Sünden" vergossen wird, steht nur bei Matthäus. Damit wird explizit gesagt, was latent in dem Wort (samt dessen Anspielung auf Jes 53) steckt, dass Jesu Blut für viele vergossen wird. Bei Markus steht diese Formel (ebenso wie in Apg 2,38 und im nizänischen Glaubensbekenntnis) bei der Taufe, genauer gesagt bei der Johannestaufe, Mk 1,4. Dagegen steht sie nicht in der Parallele Mt 3,1. Bei Matthäus ist die Vergebung der Sünden ganz an Jesus gebunden (und an seine Gemeinde, 9,8; 16,19; 18,18). Sie wird im Abendmahl zugesprochen und empfangen, wenn man in die Erzählung eingeht.

Lukas

Die vom Lukasevangelium gebotene Variante der Abendmahlserzählung ist die ausführlichste und eigentümlichste. Lukas hat in seiner Passionsgeschichte eine lange zusammenhängende Erzählung vom letzten Mahl, 22,7–38. Dort hat er Stücke zusammengeschweißt, die zum großen Teil Markus entnommen, dort aber ziemlich kunstlos aneinander gereiht sind, und zwar teilweise in anderer Anordnung: die Vorbereitung des Mahls (14,12–16; Lk 22,7–13), die Entlarvung des Verräters (14,17–21; Lk 22,21–23), das Abendmahl (14,22–25; Lk 22,14–20), die Voraussage der Verleugnung des Petrus (14,26–31; Lk 22,31–34). Hier fügt Lukas noch Jesu Wort ein, dass der am größten sei, der dient (22,24–27). Das gehöre hierher, meint Lukas mit gewissem Recht. Bei Markus steht es schon in 10,42–45, aber auch dort im Zusammenhang damit, dass Jesus, ebenso wie beim letzten Mahl, davon spricht, *warum* er sein Leben hingeben

---

47 Deutsch nach: Gerhardsson, Matteusevangeliet, 171. Vgl. weiter Jeremias, Abendmahl, 107. 163 f., mit weiteren Beispielen dafür, dass Matthäus erzählende Sätze bei Markus zu direkter Rede umformt (Mt 3,2; 12,10; 13,10; 15,15.25; 16,22; 17,9; 18,1; 21,33; 26,2.15.66).

wird: „Der Menschensohn ist nicht gekommen, damit er sich dienen lasse, sondern dass er diene und sein Leben gebe als Lösegeld für viele" (Mk 10,45) – „ich bin unter euch wie ein Diener" (Lk 22,27; auch Johannes bringt seine Entsprechung, die Erzählung von der Fußwaschung, beim letzten Mahl unter, Joh 13).

Bei Markus sind die beiden Episoden, die er von dem Mahl überliefert, vom Verräter und vom Abendmahl, recht lose miteinander verknüpft: „Und als sie (bei Tisch waren und) aßen", fangen sie ganz schlicht an (Mk 14,18.22). Sie sind durch 14,17 auch mit dem unmittelbar vorhergehenden Stück recht lose verknüpft: „Am Abend kam er mit den Zwölfen" – das passt nicht recht dazu, dass zwei vorweg geschickt worden waren, 14,12–16.

Bei Lukas ist das alles fester zusammengefügt. „Als die Stunde kam, setzte er sich nieder und die Apostel mit ihm" (Lk 22,14), setzt er an die Stelle des Markusanfangs; dem widerspricht es nicht, dass zwei vorausgegangen sind und das Mahl vorbereitet haben. Dann folgt die Abendmahlserzählung, und diese geht nahtlos in die nächste Szene über, denn unmittelbar nach dem Kelchwort fährt Jesus fort: „Doch siehe, die Hand meines Verräters ist mit mir am Tisch" (22,21). Dieses Stück schließt damit, dass die Jünger einander (nicht Jesus, wie in Mk 14) fragen, auf wen sich das beziehe (22,23), eine Diskussion, die dann zu der nächsten Streitfrage hinübergleitet, wer von ihnen der Größte sei (22,24–27).

Das Ganze ist ein gutes Beispiel für die durchgängige Tendenz des Lukas, seine Vorlage Markus zu verbessern, und zwar nicht nur die Sprache, sondern auch den Zusammenhang zwischen den Episoden und deren innere Ordnung. Schließlich – das sollte man nicht übersehen – hat Lukas stärker damit Ernst gemacht, dass es sich auf Grund des einleitenden Stücks Mk 14,12–16; Lk 22,7–13 um ein Passahmahl handelt. Das wird bei Lukas gleich zu Anfang des Mahls selbst durch eine Einleitung betont (Lk 22,15 f.), die auf natürliche Weise zu dem Ausspruch überleitet, der bei Markus das eschatologische Schlusswort der Abendmahlserzählung darstellt (Mk 14,25; Lk 22,17 f.). Erst nach dem

Abendmahl platziert Lukas das Stück vom Verräter; denn diese Szene setzt voraus, dass Jesus und der Verräter schon zusammen essen; sie kann deshalb nicht vor den feierlichen Einsetzungsworten des Mahls stehen.

> (14) Als die Stunde kam, setzte er sich nieder und die Apostel mit ihm. (15) Und er sprach zu ihnen: „Mich hat herzlich verlangt, dies Passahlamm mit euch zu essen, ehe ich leide. (16) Denn ich sage euch, dass ich es nicht mehr essen werde, bis es erfüllt wird im Reich Gottes."
> (17) Und er nahm den Kelch, dankte und sprach: „Nehmt ihn und teilt ihn unter euch; (18) denn ich sage euch: Ich werde von nun an nicht trinken von dem Gewächs des Weinstocks, bis das Reich Gottes kommt." (19) Und er nahm das Brot, dankte und brach's und gab's ihnen und sprach: „Das ist mein Leib, der für euch gegeben wird; das tut zu meinem Gedächtnis."
> (20) Desgleichen auch den Kelch nach dem Mahl und sprach: „Dieser Kelch ist der neue Bund in meinem Blut, das für euch vergossen wird!"
>
> *(Lk 22,14–20)*

Es beginnt wie ein Passahmahl, mit einem Weinkelch, und es endet wie ein Abendmahl, mit Brotbrechen und Weinkelch unmittelbar nacheinander „nach dem Mahl". Das Letzte geht aus einem sprachlichen Detail hervor. In 1. Kor 11,25 wird das Kelchwort wörtlich so eingeleitet: „Ebenso (nahm er) auch den Kelch nach dem Mahl, sagend". Das bedeutet, dass Jesus den Kelch nahm, so wie er das Brot genommen hatte, aber nach dem Mahl. In Lk 22,20 steht das Wort „ebenso", „auf die gleiche Weise", *hosaútos*, an anderer Stelle im Satz: „Auch den Kelch (nahm er) ebenso nach dem Mahl, sagend". Das kann – und soll wahrscheinlich auch – bedeuten, dass er den Kelch nach dem Mahl nahm, ebenso wie er das Brot nach dem Mahl genommen hatte.[48]

Die Erzählung des Lukas hat frühzeitig Aufsehen erregt. Manche Handschriften lassen den ersten Kelch aus, andere den zweiten, und einige haben die Verse in anderer Anord-

---

48 Jeremias, Abendmahl, 115; Jones 199.

nung (auf unterschiedliche Weise),[49] immer mit dem Resultat, dass nur ein Kelch genannt wird. Alle Varianten sind wahrscheinlich spätere „Versuche, mit den beiden Kelchen zurecht zu kommen, von denen Lukas spricht."[50] Gegenwärtige Exegeten haben andere Versuche unternommen, unter anderem mit der Annahme, dass Lk 22,14–20 eine spezielle urchristliche Passahfeier widerspiegele, mit einem jüdischen Passahmahl zu Beginn und anschließender Eucharistie; aber diese Idee ist mit guten Gründen abgewiesen worden: Das wäre eine Passahfeier, die nirgends sonst bezeugt ist und die von dem ganzen jüdischen Passahritual lediglich einen Kelch übrig behalten hätte (neben dem anderen, der zum Abendmahl gehört).[51]

Auf der anderen Seite ist die lukanische Variante der Abendmahlserzählung die einzige, die nicht den Eindruck macht, als sei sie im Gottesdienst verwendet worden. Man pflegt Lukas mit gewissem Recht den Historiker unter den Evangelisten zu nennen. Er hat nach eigenen Angaben die Quellen erforscht, sich gründlich in alles eingearbeitet, ohne doch selbst Zugang zu Augenzeugen zu haben, und er überliefert das Gesamtbild, das er nach diesem Studium für das richtige – und wichtige – hält (Lk 1,1–4).

Bei den Einsetzungsworten des Abendmahls (Lk 22,19–20) folgt er mit gewissen kleinen Veränderungen zuerst Markus, dann Paulus, von „der für euch gegeben wurde, *(didómenon)*" an, und zuletzt wieder Markus: „das für euch vergossen wird". Der letzte Satzteil ist so wortgetreu von Markus übernommen, dass im Kelchwort ein (oft bemerkter) falscher Bezug zustande gekommen ist, ungefähr so wie wenn man im Deutschen gesagt hätte: „Dieser Kelch ist der neue Bund in meinem Blut, der für euch vergossen wird" – aber es ist ja nicht der Kelch, der vergossen wird (im Urtext steht nicht das falsche Genus, sondern der falsche Casus). Der Fehler mag unbeabsichtigt sein oder darauf beruhen, dass Lukas sowohl Paulus als auch Markus so wörtlich wie

49 Vgl. Jeremias, Abendmahl, 138.
50 Johansson 151. Das ist inzwischen die allgemeine Meinung.
51 Patsch 95–102.

möglich wiedergeben will. Auf alle Fälle zeigt dies (worauf weniger oft hingewiesen wird), dass er seine Erzählung nicht dem Gottesdienst entnommen hat – liturgische Texte sind nicht immer schön, aber sie pflegen wenigstens keine grammatischen Fehler zu enthalten[52] – und ebenso wenig einer anderen, jetzt verlorenen Quelle. Die entschieden einfachste Erklärung des Fehlers ist die, dass er Zugang zu den Varianten des Markus und des Paulus hatte und diese kombinierte, teilweise ziemlich mechanisch. Mit der Verschiebung des „ebenso" hat er die paulinische Variante dem Markus angepasst, wo sowohl das Brot als auch der Wein nach der Mahlzeit stehen. Diese (jüngere) Ordnung stimmte vermutlich mit der Abendmahlsfeier überein, die Lukas selbst gewohnt war.

Vor die Einsetzung hat Lukas in 22,17 das eschatologische Schlusswort aus Mk 14,25 gesetzt, und davor ein gleichartig gebautes Wort, das darüber hinaus feierlich verdeutlicht, dass es ein jüdisches Passahmahl ist, das da gefeiert wird. Es ist aus mehreren Gründen unwahrscheinlich, dass dieses Wort (22,15 f.) aus dem Aramäischen übersetzt ist.[53] Eher ist es vom Evangelisten nach dem Vorbild des folgenden Wortes, V. 17 f., formuliert worden – dessen Vorlage Mk 14,25 dagegen tatsächlich, wie gesagt, aufs Ganze gesehen den starken Eindruck macht, ursprünglich auf Aramäisch gesprochen zu sein, und zwar von Jesus.

Dass es ein Passahmahl war, hat Lukas Mk 14,12–16 entnommen. Dass es aber in Lk 22,15 so stark betont wird, mag seinen Grund zusätzlich in 1. Kor 5,7 haben: „Denn auch wir haben ein Passahlamm, das ist Christus, der geopfert ist." Das ist die früheste schriftlich überlieferte christliche Anspielung auf das jüdische Passah. Paulus entfaltet sie nicht näher, er setzt diese Typologie offenkundig als bekannt voraus: das Passahlamm – Christus. Sie hat in 1. Kor keinen Bezug zum Abendmahl. Darüber schreibt Paulus in 1. Kor 10 mit Hilfe einer anderen Typologie, der wunderbaren Gabe von Speise und Trank, die das Gottesvolk während der Wüstenwanderung bekam: Manna vom Himmel und Was-

---

52 Gegen Jeremias, Abendmahl, 148.
53 Siehe Dalman 116 f.

ser aus dem Felsen, „und der Felsen war Christus" (10,3 f.). Aber als Deutung von Jesu Tod bildete der Hinweis auf das Passahlamm vermutlich einen sehr frühen Traditionsstrang in der christlichen Verkündigung.[54] Er wird von Lukas und Johannes auf unterschiedliche Weise entfaltet.[55]

Bei Johannes wird Jesus „Lamm Gottes" genannt (Joh 1,29.36) und am 14. Nisan „um die sechste Stunde", mitten am Tag, zur Hinrichtung ausgeliefert (Joh 19,14). Das war genau zu der Zeit, als man das Passahlamm im Tempel schlachtete. Nach Mk 15,25 dagegen wurde er am Morgen gekreuzigt, um die dritte Stunde (am 15. Nisan). Auch wenn Johannes sicher das richtige Datum hat, so hat doch Markus vielleicht die richtige Uhrzeit. Diese könnte Johannes verschoben haben, damit man verstehen soll, was in dem sichtbaren Vorgang unsichtbar geschieht: „Gottes Lamm, das der Welt Sünde trägt" (Joh 1,29).

Da jedoch auch die Einsetzungsworte eine Deutung des Todes Jesu sind, ist es leicht zu verstehen, weshalb Lukas vielmehr Passahlamm und Abendmahl miteinander verbindet, nachdem er bei Markus gesehen hatte, dass das letzte Mahl ein Passahmahl war mit allem, was dazugehört. Es ist beachtenswert, dass Paulus nicht Passah und Abendmahl verknüpft, obwohl er in demselben Brief über beides schreibt. Das spricht dafür, dass die Verbindung erst nach Paulus hergestellt wurde. Lukas macht noch deutlicher als Markus (und Matthäus), dass das Mahl des neuen Bundes bei einem Passahmahl eingesetzt wird. Das Abendmahl ist nach Lukas das neue Passahmahl, gefeiert aus Anlass der Befreiung von Sklaverei und in Erwartung der Vollendung des Reiches Gottes. Es wird (wie jedes jüdische Festmahl) durch Danksagung für die geschenkte Freiheit, für das gelobte Land geprägt; aber die Vollendung steht noch aus (vgl. Hebr 4,8 f.).

Damit sagt auch Lukas, auf andere Weise als Johannes, im Grunde dasselbe wie Paulus: „Denn auch wir haben ein Passahlamm, das ist Christus, der geopfert ist." Und darauf,

---

54 Conzelmann 126.
55 Vgl. Conzelmann 126 f.; Jones 197 f.

dass der hochverehrte Theophilus (Lk 1,3) und alle anderen Leser in die Erzählung eingehen sollen, hat Lukas offenbar ein gewisses Gewicht legen wollen. Denn er entscheidet sich dafür, in den Einsetzungsworten nicht die Wendung des Markus „für viele" zu übernehmen, sondern stattdessen die adressierte Variante des Paulus „für euch", „das für euch vergossen wird", und ebenso wie Paulus überliefert er Jesu Aufforderung: „Tut dies ..."

Insofern sind alle vier Abendmahlserzählungen im Neuen Testament zweifellos so formuliert, dass der Leser, oder eigentlich der Hörer, selbst in sie – und damit in den neuen Bund mit Gott – eingehen soll. Matthäus ist im Großen und Ganzen Markus gefolgt, Lukas hat Markus und Paulus vereinigt. Von den beiden Letztgenannten ist die paulinische Variante zum großen Teil älter als die des Markus, aber nicht ganz und gar. Keine von diesen beiden kann gänzlich von der anderen hergeleitet werden. Darüber ist man sich allgemein und aus guten Gründen einig, ebenso darüber, dass sich keine gemeinsame Urform Wort für Wort rekonstruieren lässt.

Alle vier Varianten fassen je auf ihre Weise zusammen, was davon für die Gemeinde wichtig zu wissen war, was für stets neue Hörer wichtig war zu hören – und zu tun.

Erzählgemeinschaft und Tischgemeinschaft

Die ersten Christen waren Menschen, die eine Geschichte zu erzählen hatten.[56] Man erzählte von Jesus von Nazareth, dem Gekreuzigten, einem Freund von Zöllnern und Sündern. Man erzählte unter anderem davon, wie er gegen alle Regeln Gemeinschaft mit religiös und moralisch zweifelhaften Personen stiftete und ihnen damit das Reich Gottes eröffnete.

Doch man erzählte nicht nur. Man aß und trank zusammen, man setzte Jesu Mahle mit Sündern fort, nun sogar

---

56 Caird 36.

auch mit Heiden, Unbeschnittenen (Gal 2,11 ff.). In Jerusalem, Antiochia, Ephesus, Philippi, Korinth, Rom, überall wurde das Herrenmahl gefeiert in der Überzeugung, dass Gott den Gottlosen rechtfertigt, dass der Herr noch immer mit Sündern Umgang hat.

Die christliche Kirche war eine Erzählgemeinschaft und eine Tischgemeinschaft, eine Fortsetzung der Gemeinschaft Jesu mit Krethi und Plethi und eine Fortsetzung des letzten Mahles, bei dem Jesus die Bedeutung seines Todes – und seines Lebens – gedeutet hatte: eines Lebens, das für viele gegeben war. Die Machthaber wollten Jesu Wirksamkeit abbrechen und glaubten, dass ihnen das gelingen würde. Aber Jesus tut, wenn er am Kreuz stirbt, nichts anderes, als was er allezeit getan hatte: Er gibt weiterhin sein Leben für andere; jetzt hat er sein ganzes Leben gegeben, „es ist vollbracht" (Joh 19,30).

Nichts wäre erzählt worden und kein Herrenmahl wäre gefeiert worden ohne die Überzeugung, dass Gott Jesus von den Toten auferweckt hat. Wie sich das zugetragen hat, können wir uns nicht vorstellen. Das konnten auch die Apostel nicht; es gibt im Neuen Testament keinen Versuch, Jesu Auferstehung als eine begreifliche, geradezu wahrscheinliche Begebenheit darzustellen. „Er erschien", das ist es, was man zu sagen hatte (1. Kor 15,5–8). Manchmal traut man seinen Augen nicht, aber am Ende muss man es. Die Apostel vermögen das nur auf den Gott zurückzuführen, der das gering Geachtete, das was nichts ist, erwählt (1. Kor 1,28); der die Toten lebendig macht und ruft das, was nicht ist, dass es sei (Röm 4,17). Man findet das im Nachhinein als Verheißung in der Schrift. Apg 2,24 ff. verweist auf Ps 16, 1. Kor 15,4 auf „die Schriften" im Allgemeinen, vornehmlich vielleicht auf Jes 53 und Hos 6,2. Aber das Geschehen bleibt für das Denken der Apostel und für alles menschliche Denken ebenso unbegreiflich wie der erste Satz der Bibel: „Am Anfang schuf Gott Himmel und Erde."

Am Sonntage aber, *tèn dè toû helíou heméran*, halten wir alle gemeinsam die Zusammenkunft, weil er der erste Tag ist, an welchem Gott durch Umwandlung der Finsternis und des Urstoffes die Welt schuf und weil Jesus Christus, unser Erlöser, an diesem Tage von den Toten auferstanden ist,

erklärt Justin heidnischen Lesern.[57] Jeder Sonntag ist Schöpfungstag und Auferstehungstag. Bei den Christen bekam er den Namen „Tag des Herrn" (Offb 1,10), der Tag, an dem der Herr zu seinen Jüngern kommt, auch zu Zweiflern (Joh 20,19.26), der Tag, an dem man das Mahl des Herrn feiert (Apg 20,7).

Seine Barmherzigkeit ist nicht eine Episode in der Vergangenheit. Das Reich Gottes ist kein Traum, der sich im kalten Licht der Wirklichkeit verflüchtigt hat. Jesus hatte die Nähe des Reiches verkündigt und verkörpert. „Sorgt nicht für morgen" (Mt 6,34), „deine Sünden sind dir vergeben" (Mk 2,5), „wenn ich durch Gottes Finger die bösen Geister austreibe, so ist das Reich Gottes zu euch gekommen" (Lk 11,20). Jetzt lebt er und gibt weiterhin sein Leben hin, hebt Schuld auf und vertreibt Dämonen, treibt Gram und Furcht aus und öffnet das Reich Gottes für jedermann.

Fragt man, wie er das macht, auf welche Weise er jetzt lebt, wie sein auferstandener Leib beschaffen ist, bekommt man im Neuen Testament keine erschöpfenden Antworten, außer dass es ein „geistlicher Leib", *sôma pneumatikón*, sei (1. Kor 15,44). Aber man wird auf die Verkündigung verwiesen; dort lebt er, in allen Erzählungen: „wer euch hört, der hört mich" (Lk 10,16), ferner auf die Taufe in Wasser und Geist (Joh 3,5; 1. Kor 12,13) und auf das Abendmahl: „*Dies* ist mein Leib."

Um die Bedeutung dieses umstrittenen „ist" *(estín)* zu verstehen, kann man von anderen Texten Hilfe bekommen, die ebenfalls vom Abendmahl handeln. Dass es physische Identität bezeichnen solle, wird durch die Situation beim letzten Mahl ausgeschlossen, wo Jesus selbst die Gaben austeilt (und nach Markus zudem nichts vom Kelch sagt, bevor alle getrunken haben). Aber auf der anderen Seite soll „ist" sicher nicht bloß als „bedeutet", „stellt dar", d. h. als Gleichnis verstanden werden, jedenfalls nicht bei Paulus. Diese Be-

---

57 Justin, Apologie, 67,1.

deutung hat das Verbum in der Auslegung von Gleichnissen: „Der Same ist Gottes Wort" usw.[58] Aber wenn Paulus schreibt, dass der Kelch der Segnung Gemeinschaft mit Christi Blut „ist" *(estín)* und dass das Brot, das wir brechen, Gemeinschaft mit Christi Leib „ist" (1. Kor 10,16), so meint er offenbar mehr, als dass es Gemeinschaft „darstellt". Da ist es nicht als Gleichnis gedacht, sondern als Realität. Wenn er im selben Brief von dem Felsen schreibt, aus dem das Volk auf der Wüstenwanderung „geistlichen Trank" getrunken hat, dass „dieser Felsen Christus war" (10,4), so meint er ebenso wenig, dass er Christus darstellte, sondern dass Christus faktisch in der Wüste zugegen war, auf geistliche Weise.[59]

Das Vorbild ist nicht nur Vor-Bild, es hat teil an dem, was es vor-abbildet. Das ist eine Voraussetzung für die typologischen Deutungen des Alten Testaments bei den neutestamentlichen Autoren: dass die Vorbilder, die Typen, teilhaben an dem, was sie vor-abbilden, dass Christus ständig zugegen war. Das kann man mit dem jüdischen Zeitverständnis in Verbindung bringen: Die Befreiung aus Ägypten ist in jedem Passah gegenwärtig, die Freude und Gemeinschaft der zukünftigen Welt in jedem Festmahl.[60] Im Kult wird die Zeit aufgehoben; das kennzeichnet wohl jede Religion. Man kann das auch noch mit einem anderen Gedanken in Verbindung bringen, der in der Antike allgemein verbreitet war: dass das Symbol teilhat an dem, was es symbolisiert; die Wirklichkeit ist im Bild gegenwärtig. Vor diesem Hintergrund kann man füglich von Realpräsenz sprechen. Auf die gleiche Weise, wie Christus der Fels war, auf die gleiche Weise wie er das Lamm Gottes ist, ist das Brot des Abendmahls sein für alle gegebener Leib.[61]

In dem Maß, in dem man in der alten Kirche überhaupt darüber reflektierte, auf welche Weise Christus im Abendmahl gegenwärtig ist, geschah das eben in typologischen

---

58 Siehe Lk 8,11–15 mit Parallelen, ferner Mt 13,37–39.
59 Siehe Käsemann 26 sowohl zu 1. Kor 10,4 als auch zu 10,16.
60 Marxsen, History, 71.
61 Käsemann 26.

Termini, die aus der Hermeneutik stammten, aus der Auslegung des Alten Testaments. Der Wein wird *homoíoma* genannt, „Ähnlichkeit", „Abbild", das Brot *antítypon*, „Abbild", „Entsprechung",[62] auf Latein *figura (corporis)*.[63]

Der Beitrag der germanischen Völker, vom 9. Jahrhundert an (siehe Iserloh, TRE 1), scheint vornehmlich darin bestanden zu haben, dass man sich keine besondere sakramentale Form von Gegenwart vorstellen konnte, sondern *figura* scharf von *veritas* unterschied: entweder reines Bild oder physische Wirklichkeit. Dagegen begann Guitmund im 11. Jahrhundert, die Distinktion zwischen Substanz und Akzidentien (Eigenschaften) auf die Abendmahlselemente anzuwenden, womit er den Grund für die Transsubstantiationslehre legte (ein Leib ohne Eigenschaften ist in jeder Hinsicht ganz und gar gegenwärtig in einem Brot ohne Substanz, aber mit allen Eigenschaften des Brotes, bis das Brot aufgegessen oder auf andere Weise vernichtet wird). Gegenüber allen späteren Theorien über Transsubstantiation, Konsubstantiation, Transformation, Ubiquität, Metabolismus, Symbolismus u. a.m. möchte man wünschen, dass Tertullian das letzte Wort behalten hätte, wonach „der Herr selbst später dies Mysterium erläutern wird"[64].

Es ist indessen nicht unwesentlich, dass Christus leiblich auferstanden und mit seinem „geistlichen Leib" im Abendmahl gegenwärtig ist. Zum ersten ist seine Leiblichkeit Ausdruck für Kontinuität und Identität. Es ist Jesus von Nazareth, der Gekreuzigte, der kommt. Zum anderen bedeutet seine Leiblichkeit die Möglichkeit der Kommunikation. „Als Leib steht man in der Ausrichtung auf andere, in der Gebun-

---

62 Hippolyt, Die apostolische Überlieferung, Kap. 21, 266 f.
63 Tertullian, Adversus Marcionem IV 40 (zitiert nach Kretschmar, Abendmahl, TRE 1, 65 f.). Neben seiner bekannteren Lehre von der Ubiquität findet sich auch bei Luther ein ähnliches Räsonnement: Der Satz, dass das Brot Christi Leib sei, ist keine falsifizierbare Behauptung, sondern ein Bekenntnis, ein Satz von der gleichen Art wie „dass Gott und Mensch ein Ding [sei]", „[dass] Marias Kind und Schöpfer ein Ding sei" (WABr 9, 444,54 f., sprachlich modernisiert; vgl. Schwarz 358) – oder „unser Passahlamm ist Christus", „jener Fels war Christus".
64 Adversus Marcionem III, 18,4 (zitiert nach Kretschmar, a. a. O. 66).

denheit durch die Welt, im Anspruch des Schöpfers, in der Erwartung der Auferstehung, in der Möglichkeit konkreten Gehorsams und der Selbsthingabe. [...] Gerade als der leiblich Auferstandene steht auch Christus in der Möglichkeit und Wirklichkeit der Kommunikation uns gegenüber",[65] als ein Wort zum Hören, ein Sakrament zum Empfangen.

Wenn die Einsetzungsworte verlesen werden, ersteht „das Bild eines verratenen und beraubten Menschen, der keine Mirakel vollbringt, sondern sich willig zertreten läßt",[66] eines sehr „leiblichen" und menschlichen Menschen, der zugleich, gerade in dieser seiner Menschlichkeit, ein Ebenbild des Schöpfers ist, des Gottes, der seine Sonne aufgehen lässt über Böse und Gute und der es regnen lässt über Gerechte und Ungerechte. Hier ersteht mit anderen Worten zugleich das Bild Gottes. Gott wohnt in diesem Menschen, der sein Leben und seine Gerechtigkeit verschenkt. „Nehmt und esst. Trinkt alle daraus."

Wenn man dies tut, wenn man am Abendmahl teilnimmt, geht man in das letzte Mahl ein, in der Nacht, als Jesus verraten wurde, und in alle Mahle Jesu mit Sündern. Nun nimmt man selbst das Stück Brot entgegen mit einem Gruß von Jesus, das Stück Brot, das entgegen den Regeln des Gesetzes Gemeinschaft stiftet. „Ich bin nicht gekommen, um Gerechte zu rufen, sondern Sünder." (Mk 2,17)

Zugleich geht man schon vorweg in seinen eigenen Tod ein. Alle, die in die Erzählung eingehen, haben den Tod vor sich. „Den Kelch, den ich trinke, werdet ihr trinken", sagt Jesus zu Jakobus und Johannes (Mk 10,39). Das bezieht sich in erster Linie auf den gewaltsamen Märtyrertod. Aber gewaltsam oder friedlich: der Tod kann immer als endgültiger Beweis für Gottes Schweigen erscheinen, für Gottes Ferne, das Nein des Schöpfers zum Menschen. In Gethsemane bat Jesus, vor dieser Gottverlassenheit bewahrt zu werden: „Nimm diesen Kelch von mir; doch nicht was ich will, sondern was du willst" (Mk 14,36). Jesu Kelch müssen auch die Jünger trinken; es mag dem Jünger genügen, wenn es ihm so

---

65 Käsemann 30.
66 Wingren, Evangelium und Kirche, 257.

ergeht wie dem Meister. Jüngerschaft ist ja Gemeinschaft mit einem, der gekreuzigt wurde. Man trinkt den Kelch bereits beim Abendmahl, schmeckt seinen eigenen Tod vorweg, aber er schmeckt gut, schmeckt nach Leben. Denn das, was für Jesus der Kelch des Fluches, des Leidens und des Todes war, wird für die Jünger der Kelch der Segnung und des Lebens. „Mitt'n im Tod uns Leben wird." (Das schwedische Kirchengesangbuch, 387,3)

Man braucht sich vor dem Sterben nicht zu fürchten. Man braucht sich auch nicht vor dem Leben zu fürchten und davor, sein Leben für andere hinzugeben. „Ich ermahne euch nun, ... dass ihr eure Leiber hingebt als ein Opfer, das lebendig, heilig und Gott wohlgefällig ist. Das sei euer vernünftiger Gottesdienst" (Röm 12,1). Mit unseren Leibern nehmen wir Christi für uns hingegebenen Leib entgegen und werden in seinen gekreuzigten und auferstandenen Leib eingegliedert. Mit unseren Leibern haben wir die Möglichkeit zu konkretem Gehorsam und Selbsthingabe. „Gebt nicht der Sünde eure Glieder hin als Waffen der Ungerechtigkeit, sondern gebt ... eure Glieder Gott hin als Waffen der Gerechtigkeit." (Röm 6,13) Selbstaufopferung kann vom alten Adam als „Tod" empfunden werden. Aber „[w]ir werden wir selbst, wenn wir unser Leben hingeben."[67] „Wer sein Leben zu erhalten sucht, der wird es verlieren, wer es verliert, der wird es gewinnen." (Lk 17,33) Auch in diesen neutestamentlichen Opfergottesdienst, in die alltägliche Selbsthingabe in Christi Nachfolge geht man ein, wenn man in die Abendmahlserzählung eingeht.

Schließlich geht man vorweg in das Reich Gottes ein. In erster Linie ist das Mahl des Herrn ein Mahl im Wartestand, in der Zwischenzeit, da der Herr selbst nicht isst und trinkt. Es wird in einem begrenzten Zeitraum gefeiert: von der Nacht an, da er verraten wurde (1. Kor 11,23), bis er kommt (11,26), bis er mit uns den neuen Wein in seines Vaters Reich trinkt (Mt 26,29). Es ist die Zeit, in der Christus seine Macht durch unsichtbares Geschehen im Inneren des Menschen

---

67 Wingren, Abendmahl, TRE 1, 225.

ausübt, bis der Tod, der letzte Feind, besiegt ist und Gott alles in allem sein wird (1. Kor 15,25–28).

Aber schon in dieser Zwischenzeit kommt Christus, vernehmbar für unsere Sinne in Wort und Sakrament. Er, der das Reich verkörpert, kommt aus der Zukunft und eröffnet jetzt das Reich für jeden, der will, eröffnet die eigentliche Wirklichkeit jenseits unseres Theaters von Rangordnungen und Klassenschranken: „Einer ist euer Meister, ihr aber seid alle Brüder", „einer ist euer Vater, der im Himmel ist." (Mt 23,8 f.) So sieht es beim Abendmahl aus; da wird man nicht nach Titeln und Leistungen platziert. Und so sieht es im Reich Gottes aus, wo die Letzten die Ersten werden sollen. Dort braucht man sich keine Sorgen zu machen, wie man eingestuft und eingeschätzt wird. „Hier ist nicht Jude noch Grieche, hier ist nicht Sklave noch Freier, hier ist nicht Mann noch Frau; ihr seid allesamt einer in Christus Jesus" (Gal 3,28). Das Mahl des Herrn bildet bereits das Mahl des Himmelreichs ab, die zukünftige Welt. Erinnert euch daran, wohin ihr unterwegs seid, spricht Gott im Abendmahl.

Die Einsetzungsworte können als Urform christlichen Erzählens bezeichnet werden. Einerseits gehen die Hörer ganz sichtbar in die Erzählung ein; es ist völlig klar, dass dies die Absicht ist. Andererseits ist diese Erzählung ein Deutungsschlüssel für alles, was die Evangelien von Jesus sagen. Seine Vergebung der Sünden (Mk 2,5 usw.) wird herzlos – gegenüber dem, der zum Opfer begangener Sünden geworden ist und dem Jesus nie begegnet ist – und seine eindringliche Mahnung zur Sorglosigkeit (Mt 6,25–34) wird kopflos – weil wir doch wissen, dass wir sterben werden und dass die Unruhe des Lebens gute Gründe haben kann –, wenn man seine Eschatologie wegdenkt. Gott hält eine neue Weltordnung bereit, eine neue Schöpfung, in der er alle aufrichtet, die den Untaten und Versäumnissen anderer zum Opfer gefallen sind, und in der niemand sich zu sorgen braucht. Das ist die Voraussetzung für alles, was Jesus tut und sagt: die Nähe des Reiches Gottes.[68]

---

68 Vgl. Løgstrup, Die Verkündigung, 264 f.; 272–277; Jørgensen 69–72.

Die Einsetzungsworte des Abendmahls erzählen, dass Jesus selbst zum Opfer geworden ist, dass er sein Leben gab, um viele gerecht zu machen, und dass Gott durch ihn mit „vielen", mit allen Völkern einen neuen Bund geschlossen hat. Die Worte deuten Jesu Tod nicht durch eine theologische Theorie, sondern dadurch, dass man in sie, in den neuen Bund, eingeht. Das Mahl des Herrn wird in der Zwischenzeit zwischen seinem Tod und seiner sichtbaren Wiederkunft gefeiert und proklamiert schon jetzt Gottes Reich, Gottes neue Weltordnung auf der Erde.[69] Darum sind die Einsetzungsworte und das Mahl in jedem Abendmahlsgottesdienst ein Deutungsschlüssel für das Evangelium des Sonntags. Sie sprechen von der Zukunft, die das Evangelium voraussetzt. „So ist Herrenmahl Vor-Erfahrung künftiger Vollendung und Nach-Erfahrung des für uns gelebten Lebens Jesu."[70] Es versichert die Hörer der Wirklichkeit und Nähe des Reiches Gottes und fordert sie auf, im Glauben Gottes Reich vorwegzunehmen, die kommende Welt, da der Herr den Tod für alle Zeit auslöschen wird.

---

69 Käsemann 19.
70 Schweizer, Lukas, 225.

6 | Schluss

Erzählungen sind generell dadurch gekennzeichnet, dass sie einen Schluss haben. Dadurch tun sie stets der Wirklichkeit, von der sie erzählen, mehr oder minder Gewalt an. Denn in dieser gibt es keinen Schluss. Der Strom der Ereignisse setzt sich fort, er hält nicht inne, solange die Zeit nicht innehält. Aber zu einer Erzählung gehört in der Regel, dass sie einen Anfang und einen Schluss hat.

In der Bibel gibt es indessen sowohl große als auch kleine Ausnahmen von dieser Regel. Zu den großen gehören das Markusevangelium und die Apostelgeschichte. Beide Schriften schließen ohne Finale mitten im Ereignisverlauf und lassen den Leser mit mehreren unmittelbaren Fragen zurück, „wie es weiterging". Beide schließen so abrupt, dass man nicht selten argwöhnte, der ursprüngliche Schluss sei auf irgendeine Weise verloren gegangen. Es kann aber sehr gut sein, dass diese Schriften absichtlich so aufhören, wie sie es tun: damit die Erzählung beim Leser landen soll. Der Strom der Ereignisse fließt auf den Leser zu, der selbst in den Verlauf hineingezogen wird. Das Evangelium geht weiter durch die Welt, und der Leser muss selbst ausfüllen, wie es weiterging – in ihrem oder seinem Fall.

Ein Beispiel kleineren Formats für eine Erzählung ohne Schluss, wo der Schluss ganz offensichtlich mit Absicht weggelassen wurde, ist das Gleichnis von den beiden Söhnen, dem verlorenen Sohn und seinem Bruder (Lk 15,11–32). Da erfährt man auch nicht, wie es weitergeht. Der Bruder, der zu Hause geblieben war, will nicht zum Festschmaus kommen, zu dem Mahl mit dem Sünder. Der Vater geht hinaus und versucht ihn zu überreden, bekommt eine rüde Antwort,

129

versucht es aber noch einmal – und da ist die Geschichte zu Ende. Was antwortet der Sohn seinem Vater zuletzt? Kommt er mit hinein? Du bist es, der das entscheidet, gibt Jesus jedem Hörer zu verstehen. Du bist der Mann.

Ein anderes Beispiel ist die Einsetzung des Abendmahls. „Dieser Kelch ist der neue Bund in meinem Blut. So oft ihr daraus trinkt, tut es zu meinem Gedächtnis" (1. Kor 11,25). Geht jemand in den neuen Bund mit Gott ein? Das entscheidet der Hörer.

„Du bist der Mann", „für dich gegeben" – das zu sagen, sind die biblischen Erzählungen da. Versuchen wir nicht, die Antworten vorzuschreiben, sondern erzählen wir! Es hat zu allen Zeiten sein Recht, Nathan Söderbloms Wort zu wiederholen, dass derjenige, der Christus predigt, in jeder Menschenbrust einen Vertrauten hat. Denn Herr, „geschaffen hast du uns zu dir, und ruhelos ist unser Herz, bis dass es seine Ruhe hat in dir", *fecisti nos ad te et cor nostrum inquietum donec requiescat in te.*[1]

---

1 Augustinus, Bekenntnisse, Buch 1, I.

Abkürzungen

AKK	Akademi för kyrka och kultur i Linköpings stift
ASNU	Acta seminarii neotestamentici Upsaliensis
ATD	Altes Testament Deutsch
BK	Biblischer Kommentar. Altes Testament
BKV	Bibliothek der Kirchenväter
BZAW	Beihefte zur Zeitschrift für die alttestamentliche Wissenschaft
Conc(D)	Concilium, Einsiedeln
CThM.BW	Calwer Theologische Monographien. Bibelwissenschaft
EvTh	Evangelische Theologie, München
FC	Fontes Christiani
FRLANT	Forschungen zur Religion und Literatur des Alten und Neuen Testaments
FS	Festschrift
GAT	Grundrisse zum Alten Testament. ATD Ergänzungsreihe
GPM	Göttinger Predigtmeditationen, Göttingen
HK	Handkommentar zum Alten Testament
HNT	Handbuch zum Neuen Testament
JBTh	Jahrbuch für Biblische Theologie
JR	Journal of Religion
KEK	Kritisch-exegetischer Kommentar über das Neue Testament
KHC	Kurzer Hand-Commentar zum Alten Testament
KNT	Kommentar till Nya testamentet
Lumen	Lumen. Katolsk teologisk tidsskrift, Kopenhagen/ Stockholm/Oslo/Helsinki
LUÅ	Lunds universitets Årsskrift
NTD	Neues Testament Deutsch
OTL	Old Testament Library
TB	Theologische Bücherei

131

Literatur

Albertz, Rainer: Art. צעק schreien, THAT 2, 568–575.

Albrektson, Bertil: Gammaltestamentlig isagogik, in: Bertil Albrektson/Helmer Ringgren, En bok om Gamla testamentet, Stockholm [5]1992.

Auerbach, Erich: Mimesis. Dargestellte Wirklichkeit in der abendländischen Literatur, Tübingen/Basel [9]1994.

Augustinus, Aurelius: Confessiones/Bekenntnisse, Lateinisch-deutsche Ausgabe (übersetzt v. J. Bernhardt), München [2]1960.

Barr, James: Story and History in Biblical Religion, in: JR 56 (1976), 1–17.

–: Old and New in Interpretation. A Study of the Two Testaments, London [2]1982.

Billerbeck, Paul: Kommentar zum Neuen Testament aus Talmud und Midrasch I–IV, München 1922–28.

Bjerg, Svend: Den kristne grundfortælling. Studier over fortælling og teologi (Teologiske Studier), Århus [2]1984.

Bonhoeffer, Dietrich: Widerstand und Ergebung. Briefe und Aufzeichnungen aus der Haft, hg. v. Eberhard Bethge, München 1962.

Bultmann, Rudolf: Das Evangelium des Johannes, KEK II, Göttingen [19]1968.

Caird, George Bradford: The Apostolic Age, London 1955.

Childs, Brevard S.: The Book of Exodus, OTL, London 1974.

Conzelmann, Hans: Der erste Brief an die Korinther, KEK V, Göttingen [2]1981.

Dalman, Gustaf: Jesus-Jeschua. Die drei Sprachen Jesu, Leipzig 1922.

Delitzsch, Franz: Neuer Commentar über die Genesis, Leipzig 1887.

Delling, Gerhard: Art. Abendmahl II. Urchristliches Mahlverständnis, TRE 1, 47–58.

Donner, Herbert: Geschichte des Volkes Israel und seiner Nachbarn in Grundzügen, GAT 4, Göttingen [2]1995.

133

Duhm, Bernhard: Das Buch Jeremia, KHC 11, Tübingen 1901.

Elliger, Karl: Der Jakobskampf am Jabbok, in: ders., Kleine Schriften zum Alten Testament, München 1966, 141–173.

Frankfort, Henri: Ancient Egyptian Religion. An Interpretation, New York 1961.

Gerhardsson, Birger: Memory and Manuscript. Oral Tradition and Written Transmission in Rabbinic Judaism and Early Christianity (ASNU 22), Uppsala 1961.

–: Ur Matteusevangeliet, in: L. Hartman (ed.), Ur Nya testamentet. Kommentarer till valda texter, Lund 1970.

Gunkel, Hermann: Genesis, HK I/1, Göttingen ³1910.

Hagada shel Pesach/Die Pessach-Hagada, Erzählung von dem Auszug Israels aus Egypten an den beiden ersten Peßach-Abenden, hebräisch-deutsche Ausgabe, hg. v. W. Heidenheim, Basel o. J., Nachdruck 1999.

Hahn, Ferdinand: Zum Stand der Erforschung des urchristlichen Herrenmahls, in: EvTh 35 (1975), 553–563.

Hammarskjöld, Dag: Zeichen am Weg (Vägmärken, deutsch v. A. Graf Knyphusen), München/Zürich 1965.

Hermisson, Hans-Jürgen: Jakobs Kampf am Jabbok (Gen 32,23–33), in: ZThK 71 (1974), 239–261.

Hippolytos: Apostolische Überlieferung. Übersetzt und eingeleitet v. G. Schöllgen, in: FC 1, Freiburg u. a. 1991, 212–313.

Hofsten, Greta/Gustaf Wingren: Luther och mystiken, in: Mystik. Samtal och föredrag av Jan Bergman/Eva Hættner Aurelius/Greta Hofsten/Martin Lönnebo/ Birgitta Trotzig/Gustaf Wingren, AKK, Linköping 1993, 37–53.

Iser, Wolfgang: Die Appellstruktur der Texte. Unbestimmtheit als Wirkungsbedingung literarischer Prosa, in: Rainer Warning (Hg.), Rezeptionsästhetik. Theorie und Praxis, München ²1979, 228–252.

–: The Reading Process: A Phenomenological Approach, in: ders., The Implied Reader. Patterns of Communication in Prose Fiction from Bunyan to Beckett, Baltimore/London ²1978, 274–294.

Iserloh, Erwin: Art. Abendmahl III/2. Mittelalter, TRE 1, 89–106.

Jenni, Ernst: Art. יצא hinausgehen, THAT 1, 755–761.

Jeremias, Joachim: Die Abendmahlsworte Jesu, Göttingen ⁴1967.

Jeremias, Jörg: Schöpfung in Poesie und Prosa des Alten Testaments, in: JBTh 5 (1990), 11–36.

Johannesson, Kurt: Retorik eller konsten att övertyga, Stockholm 1990.

Johansson, Nils, Det urkristna nattvardsfirandet. Dess religionshistoriska bakgrund, dess ursprung och innebörd, Lund 1944.

Johnson, Bo: Ursprunget. Bibelteologisk kommentar till Första Moseboken, Stockholm 1992.

–: Döden i bibeln, in: Döden. Föredrag av Eva Hættner Aurelius/Bo Johnson/Ingmar Ström/Gustaf Wingren, AKK, Linköping 1995, 31–49.

Jones, Cheslyn: The Eucharist. 1. The New Testament, in: C. Jones/G. Wainwright/E. Yarnold SJ/P. Bradshaw (ed.), The Study of Liturgy, revised edition, London 1992, 184–209.

Jørgensen, Theodor: Kristologi og religiøs livstydning. Med særlig henblik på forkyndelsen, in: Dansk tankeliv 1976/77, Århus 1976, 60–79.

Justinus: Apologie, Griechisch: Iustini Martyris Apologiae pro christianis, ed. Miroslav Markovich, Berlin 1994; Deutsch (übersetzt v. G. Rauschen): Die beiden Apologien Justins des Märtyrers, in: Frühchristliche Apologeten und Märtyrerakten, BKV 12, 55–101.

Kähler, Martin: Der sogenannte historische Jesus und der biblische, geschichtliche Christus, hg. v. E. Wolf, München [3]1961.

Käsemann, Ernst: Anliegen und Eigenart der paulinischen Abendmahlslehre, in: ders., Exegetische Versuche und Besinnungen. Auswahl, Göttingen 1986, 9–32.

Kilby, Clyde S.: Christian Imagination, in: L. Ryken (ed.), The Christian Imagination. Essays on Literature and the Arts, Grand Rapids 1981, 37–46.

Kratz, Reinhard Gregor/Hermann Spieckermann: Art. Schöpfer/Schöpfung II. Altes Testament, TRE 30, 258–283.

Kretschmar, Georg: Art. Abendmahl III/1. Alte Kirche, TRE 1, 59–89.

–: Art. Abendmahlsfeier I. Alte Kirche, TRE 1, 229–278.

Kuhn, Karl Georg: The Lord's Supper and the Communal Meal at Qumran, in: K. Stendahl (ed.), The Scrolls and the New Testament, New York 1957, 65–93.

Lampe, Peter: Das korinthische Herrenmahl im Schnittpunkt hellenistisch-römischer Mahlpraxis und paulinischer Theologia crucis (1Kor 11,17–34), in: ZNW 82 (1991), 183–213.

Levin, Christoph: Tatbericht und Wortbericht in der priesterschriftlichen Schöpfungserzählung, in: ders., Fortschreibungen. Gesammelte Studien zum Alten Testament (BZAW 316), Berlin/New York 2003, 23–39.

–: Der Jahwist (FRLANT 157), Göttingen 1993.

Lohfink, Gerhard: Erzählung als Theologie. Zur sprachlichen Grundstruktur der Evangelien, in: Stimmen der Zeit 192 (1974), 521–532.

Lohmeyer, Ernst: Das Evangelium des Markus, KEK I 2, Göttingen [17]1937.

Luther, Martin: Von der Freiheit eines Christenmenschen, in: Luther Deutsch, hg. v. K. Aland, Bd. 2, Stuttgart/Göttingen 1962, 251–274.

–: Die deutsche Messe, in: Luther Deutsch, hg. v. K. Aland, Bd. 6, 1983, 86–102.

–: De abroganda missa privata, WA 8, 411–476.

Luthers Vorreden zur Bibel, hg. v. H. Bornkamm, durchges. v. K. Bornkamm Frankfurt a. M. [3]1983.

Lührmann, Dieter: Das Markusevangelium, HNT 3, Tübingen 1987.

Løgstrup, Knud E.: Kunst og etik, Kopenhagen 1961.

–: Tanken om skabelse som forståelseshorisont for evangeliet, in: Lumen 13 (1970), 59–76.

–: Die Verkündigung Jesu in existenztheologischer und in religionsphilosophischer Sicht, in: Neues Testament und christliche Existenz, FS Herbert Braun, Tübingen 1973, 263–277.

Marxsen, Willi, Das Abendmahl als christologisches Problem, Gütersloh 1963.

–: The History of the Eucharistic Tradition in the New Testament, in: R. R. Williams (ed.), Word and Sacrament, London 1968, 64–73.

Metz, Johann Baptist: Kleine Apologie des Erzählens, in: Conc(D) 9 (1973), 334–341.

–: Erlösung und Emanzipation, in: Stimmen der Zeit 191 (1973), 171–184.

Meyer, Rudolf: Art. σάρξ, ThWNT 7, 109–118.

Niebergall, Alfred: Art. Abendmahlsfeier III. 16. bis 19. Jahrhundert, TRE 1, 287–310.

Nielsen, Eduard: Über die Auffassung von der Natur im Alten Testament, in: ders., Law, History and Tradition. Selected Essays, Kopenhagen 1983, 40–58.

–: Første Mosebog fortolket, Kopenhagen 1987.

Noth, Martin: Überlieferungsgeschichte des Pentateuch, Stuttgart 1948.

–: Geschichte Israels, Göttingen [2]1954.

–: Das zweite Buch Mose. Exodus, ATD 5, Göttingen 1958.

Nöldeke, Theodor: Untersuchungen zur Kritik des Alten Testaments, Kiel 1869.

The Orthodox Liturgy. The Greek Text of the Ecumenical Patriarchate with a Translation into English by the Liturgical Commission of the Greek Orthodox Archidiocese of North and South America, Garwood N.J. 1976.

Patsch, Hermann: Abendmahl und historischer Jesus (CThM.BW 1), Stuttgart 1972.

Percy, Ernst: Der Leib Christi in den paulinischen Homologumena und Antilegomena, LUÅ 1, Bd. 38, Nr. 1, Lund/Leipzig 1942.

Perlitt, Lothar: Erntedankfest. 1. Mose 8,19–22, in: GPM 24 (1970), 391–399.

Perrin, Norman/Dennis Duling: The New Testament. An Introduction, New York ²1982.

Petri, Olavus: Samlade skrifter 1–4, Uppsala 1914–17.

Prex Eucharistica. Textus e variis liturgiis antiquioribus selecti, hg. v. Anton Hänggi/Irmgard Pahl (Spicilegium Friburgense 12), Fribourg 1968.

von Rad, Gerhard: Das erste Buch Mose. Genesis, ATD 2–4, Göttingen ⁸1967.

–: Predigten, München 1972.

Rogerson, John: Wrestling with the Angel: A Study in Historical and Literary Interpretation, in: A. Loades/M. McLain (ed.), Hermeneutics, the Bible and Literary Criticism, Basingstoke 1992, 131–146.

Schmidt, Werner H.: Die Schöpfungsgeschichte der Priesterschrift. Zur Überlieferungsgeschichte von Genesis 1,1–2,4a und 2,4b–3,24 (WMANT 17), Neukirchen-Vluyn ³1973.

Schwarz, Reinhard: Der hermeneutische Angelpunkt in Luthers Meßreform, in: ZThK 89 (1992), 340–364.

Schweizer, Eduard: Das Evangelium nach Markus, NTD 1, Göttingen ⁷1989.

–: Das Evangelium nach Matthäus, NTD 2, Göttingen ⁴1986.

–: Das Evangelium nach Lukas, NTD 3, Göttingen ²1986.

–: Art. σάρξ, ThWNT 7, 98–104.108–109.118–151.

Smend, Rudolf: Elemente alttestamentlichen Geschichtsdenkens, in: ders., Die Mitte des Alten Testaments. Exegetische Aufsätze, Tübingen 2002, 90–114 .

Spieckermann, Hermann: Heilsgegenwart. Eine Theologie der Psalmen (FRLANT 148), Göttingen 1989.

–: unter Mitarbeit von Susanne Dähn, Der Gotteskampf. Jakob und der Engel in Bibel und Kunst, Zürich 1997.

Steck, Odil Hannes: Der Schöpfungsbericht der Priesterschrift. Studien zur literarkritischen und überlieferungsgeschichtlichen Problematik von Genesis 1,1–2,4a (FRLANT 115), Göttingen 1975.

Sundén, Hjalmar: Die Religion und die Rollen. Eine psychologische Untersuchung der Frömmigkeit (Religionen och rollerna, deutsch v. H. Müller), Berlin 1966.

Wehmeier, Gerhard: Art. עלה hinaufgehen, THAT 2, 272–290.

Weinrich, Harald: Narrative Theologie, in: Conc(D) 9/1973, 329–334.

Wellhausen, Julius: Prolegomena zur Geschichte Israels, Berlin ⁶1905.

–: Die Composition des Hexateuchs und der historischen Bücher des Alten Testaments, Berlin ³1899.

Westermann, Claus: Genesis 1–11, BK I 1, Neukirchen-Vluyn 1974.

Wingren, Gustaf: Die Predigt (Predikan, deutsch v. E. Franz, ThÖ 1), Göttingen 1955 .

–: Schöpfung und Gesetz (Skapelsen och lagen, deutsch v. G. Klose, ThÖ 9), Göttingen 1960.

–: Evangelium und Kirche (Evangeliet och kyrkan, deutsch v. G. Klose, ThÖ 10), Göttingen 1963.

–: Växling och kontinuitet. Teologiska kriterier, Lund 1972.

–: Credo. Den kristna tros- och livsåskådningen, Lund 1974.

–: Art. Abendmahl V. Das Abendmahl als Tischgemeinschaft nach ethischen Gesichtspunkten, TRE 1, 212–229.

–: Tolken som tiger. Vad teologin är och vad den borde vara, Stockholm 1981.

Zobel, Hans Jürgen: Art. ישראל (Israel), ThWAT 3, 986–1012.

Bibelstellen

Biblisch-theologische Schwerpunkte

Bei Subskription der Reihe etwa 10 % Ermäßigung

V&R
Vandenhoeck
& Ruprecht

Bibel – Gebet – Glauben

Holger Finze-Michaelsen
Vater Unser – Unser Vater
Entdeckungen im Gebet Jesu
Biblisch-theologische Schwerpunkte,
Band 24.
2004. 155 Seiten, kart.
ISBN 3-525-61581-7

Im christlichen Kulturkreis ist kein Gebet so weit verbreitet wie das Gebet Jesu, das *Vater Unser* oder *Unser Vater*. Entsprechend vielfältig sind die kirchlichen „Umgangsformen" mit diesen Worten und die Versuche, sie den jeweiligen Zeitgenossen zu erklären.

Diese Einführung in das Herrengebet reflektiert dessen zentrale Begriffe entlang der Anrede, den sieben Bitten, der Schlussdoxologie und dem abschließenden Amen. Der Autor geht vom kirchengeschichtlichen und ökumenischen Horizont des Herrengebets aus und versucht eine zeitgemäße Annäherung an die bekannten Worte. Das Buch eignet sich auch zur Vorbereitung von Gemeindeveranstaltungen und Unterrichtseinheiten.

Reinhard Feldmeier /
Hermann Spieckermann (Hg.)
Die Bibel: Entstehung – Botschaft – Wirkung
2004. Ca. 208 Seiten, kart.
ISBN 3-525-53626-7

Die Bibel – das klingt vertraut. Aber wer kennt sie wirklich? Dieser Band schildert Entstehung, Botschaft und Wirkung der Bibel und verdeutlicht die vielfältigen Bezüge, in denen die Bibel ihre Ausstrahlung entfaltet.

Michael Nüchtern
Himmelsecho
Muster christlicher Spiritualität
2004. 127 Seiten, kart.
ISBN 3-525-60415-7

„Himmelsecho" ist für diejenigen geschrieben, die mit einem Buch sich und anderen dadurch Lust auf den christlichen Glauben machen wollen, dass sie diesen Glauben besser verstehen.

V&R
Vandenhoeck
& Ruprecht